Lusin Bagla

Sociologie des organisations

Nouvelle édition

ÉDITIONS LA DÉCOUVERTE
9 *bis*, rue Abel-Hovelacque
75013 Paris

Catalogage Électre-Bibliographie

BAGLA Lusin

Sociologie des organisations — Nouv. éd. — Paris : La Découverte, 2003. — (Repères ; 249)

ISBN 2-7071-3948-3

Rameau :	sociologie des organisations
Dewey :	658.2 : Gestion des entreprises. Relations sociales dans l'entreprise. Communication dans l'entreprise
Public concerné :	Tout public

Introduction

La sociologie des organisations est à la fois ancienne et récente. Elle coïncide d'abord avec la naissance de la sociologie : l'intensification de la division du travail, le processus de spécialisation dans les usines et les organisations bureaucratiques, les transformations des rapports sociaux et les principes sur lesquels s'appuie la nouvelle société capitaliste industrielle et moderne sont au cœur des observations et des efforts de théorisation d'Émile Durkheim, de Karl Marx et de Max Weber, figures généralement reconnues comme fondatrices de la sociologie. Leurs réflexions annonçaient la majorité des objets et champs d'étude couverts par la sociologie du travail et des organisations. Marx dénonce l'exploitation de la classe ouvrière et son aliénation en analysant les relations entre le capital et le travail comme une nouvelle forme de rapports sociaux. Weber constate le « désenchantement du monde » lié au processus de rationalisation croissante qui débouche sur le capitalisme et les organisations bureaucratiques. S'inquiétant de la cohésion sociale, Durkheim voit dans les interdépendances dues à la spécialisation une nouvelle forme de division sociale du travail substituant la solidarité « organique » à la solidarité « mécanique ». Ces réflexions ont porté également sur le développement de l'État qui se chargeait, de plus en plus, de réguler les rapports sociaux.

On peut également constater, comme le fait la majorité des manuels, que la sociologie des organisations est née après la Seconde Guerre mondiale, avec les recherches empiriques menées aux États-Unis dans les années quarante, qui accompagnaient la prise de conscience du rôle crucial des « organisations formelles complexes » dans tous les aspects de la vie sociale. L'apparition systématique de l'appellation « sociologie des organisations », dans les revues sociologiques et les départements de sociologie, a même attendu les années cinquante.

Les démarches des sociologues américains ont été stimulées par une première vague de recherches menées dans des établissements industriels dès les années vingt pour répondre à des questions pratiques telles que la motivation et la productivité. D'orientation psycho-sociologique, ces recherches ont inspiré à la fois, directement, la sociologie industrielle et du travail et, indirectement, la sociologie des organisations. Celle-ci a trouvé sa propre voie dans les années quarante avec une deuxième vague de recherches empiriques sur les bureaucraties industrielles et publiques. Ainsi, si la « théorie sociale » est plutôt européenne, l'approche organisationnelle revient aux sociologues du Nouveau Monde. À son apogée, dans les années soixante, elle cessera pourtant d'être une exclusivité américaine.

Le concept général d'*organisation* a permis aux sociologues américains d'unifier des objets empiriques d'une grande diversité (usines, services administratifs, hôpitaux ou autres institutions). Pour le définir, ils ont d'abord insisté sur des critères tels que l'« orientation vers un objectif », le « choix des moyens » et la « coordination des activités à l'intérieur d'une structure délibérée ». Dans un premier temps, ils se sont surtout intéressés au fonctionnement des organisations et à l'influence de leur « structure » sur la dynamique de l'action de leurs « membres ». Progressivement, ils ont estimé qu'elles pouvaient servir aussi de laboratoire pour comprendre les interactions entre les contraintes sociales et la liberté individuelle, les effets non intentionnels des décisions, les dynamiques de la coopération et du conflit, les phénomènes de domination et de pouvoir. Autrement dit, ils ont voulu trouver dans l'organisation un pont qui relie les niveaux « macro » et « micro », éternel problème de la sociologie. Beaucoup d'eau a coulé sous ce pont depuis ces premières tentatives et la sociologie des organisations n'a cessé d'évoluer et de se renouveler. (On pourrait le constater à partir de travaux récents sur les organisations. Pour ne citer qu'eux, voir : [Bagla, 2002 ; Baum et McKelvey, 1999 ; Casey, 2002 ; Clegg, 2002]).

Spécialisée, elle n'en reste pas moins, avant tout, une sociologie. L'objectif de toute démarche sociologique est de donner une intelligibilité aux différents aspects du monde social. Pour cela, elle doit :
— montrer les liens entre les divers aspects du social et en faire émerger la logique d'ensemble (*articulation*) ;
— situer les phénomènes sociaux, les structures sociales et les formes institutionnelles dans leur contexte général (*contextualisation*) ;
— montrer leur historicité, en les replaçant dans le temps, en soulignant leur diversité, par une approche comparative (*relativisation*) ;
— les interpréter dans une grille de lecture adaptée, en recourant à la distanciation (*réflexivité*) ;
— dégager des tendances générales tout en marquant les particularités (*rapports entre l'universel et le spécifique*).

Ces objectifs ont guidé la conception de cet ouvrage, mettant à contribution, dans ce but, la sociologie de la pensée managériale, des relations industrielles, du travail, des entreprises, de l'innovation, et les apports de l'histoire économique.

Les trois premiers chapitres constituent une première partie présentant l'évolution des stratégies managériales et des formes d'organisation des activités. Ils analysent ainsi le passage des organisations prétayloriennes, prébureaucratiques aux organisations bureaucratiques-tayloriennes et enfin, à celles, plus récentes, qui sont souvent qualifiées de « post-bureaucratiques » et « post-tayloriennes ». Chacune de ces formes d'organisation a des implications spécifiques du point de vue des moyens de contrôle, des techniques de gestion des salariés, des conflits, du rapport au temps, à l'espace et à la technologie, des relations de travail et des interactions avec l'environnement pour *réduire l'incertitude* et *améliorer l'efficacité*. On peut ainsi prendre la mesure des transformations récentes des stratégies d'organisation et de gestion, dans lesquelles c'est l'entreprise qui donne le ton. Hier, c'est elle qui avait adopté une gestion bureaucratique pour améliorer sa capacité de contrôle et de réduction de l'incertitude. Aujourd'hui, avec la consolidation de l'économie de marché et le retrait relatif de l'État, ce sont les établissements de service public et les associations qui commencent à imiter l'entreprise et même à recruter des managers professionnels pour faire face aux contraintes financières. Ainsi, différents types d'organisations tendent à s'aligner sur un même mode de fonctionnement. L'entreprise reste, de ce fait, une référence importante dans l'organisation de cet ouvrage.

Si le credo des managers était « rationalité et prévisibilité dans un espace clos et contrôlé », les sociologues (ainsi que d'autres théoriciens de l'organisation, réunis notamment autour de la démarche pluridisciplinaire de Herbert A. Simon) avaient émis des réserves sur ces hypothèses managériales. Les trois derniers chapitres constituent une seconde partie centrée sur ces approches critiques des sociologues. Celles-ci mettent les hommes et leur action au cœur de l'analyse organisationnelle pour faire ressortir les limites de la rationalité, de l'efficacité, du contrôle et de la prévisibilité et pour souligner la difficulté de borner l'organisation par des frontières fixes. Ainsi, l'approche normative du management est confrontée à des questions sociologiques qui aboutissent à une tout autre interprétation de la vie et des pratiques organisationnelles.

Discours managériaux et analyses sociologiques ont évolué. De l'obsession de la prévisibilité et de la réglementation, les premiers se sont déplacés sur l'incertitude, les « réseaux » et la gestion des interfaces entre différentes organisations, intégrant les nouvelles contraintes auxquelles les managers doivent faire face pour gérer les organisations et leurs « ressources humaines ». De leur côté, les sociologues admettent ces contraintes et communiquent avec les managers en utilisant en grande partie leur vocabulaire. Malgré cet apparent rapprochement, la sociologie continue à garder distance et fonction critique, comme le montre le dernier chapitre.

Au-delà de l'exposé des stratégies managériales et des approches sociologiques, l'objectif de cet ouvrage est de fournir au lecteur des outils d'analyse, à partir des hypothèses, des concepts et des cadres d'analyse fondamentaux de la sociologie des organisations. Pour les rendre plus accessibles il les illustre d'exemples et d'études de cas puisés dans divers types d'organisation. Il s'agit de permettre au lecteur de mieux « voir » les processus et phénomènes organisationnels où il se trouve inséré, de donner un sens à des situations qui lui semblaient insignifiantes ou inexplicables, de formuler des questions et des hypothèses à partir de ses propres observations.

I / Vers l'organisation moderne

Historiens et sociologues font démarrer la modernité avec les Lumières. Long processus de transformation de la nature des rapports sociaux, de la division du travail et du « lien social », la modernisation a des effets repérables à tous les niveaux de la vie sociale, bien qu'à des rythmes différents selon les sphères. Ce processus a démarré en Occident, parallèlement au développement du capitalisme et de l'industrialisation, ainsi qu'au changement de la nature du pouvoir politique. Ces transformations se sont accompagnées, outre la naissance du citoyen libre, de l'essor des organisations modernes rationnelles et du développement des sciences et des techniques.

1. Le processus de rationalisation

La modernisation implique une rationalisation des modes de gestion de la vie en société. Le passage à la modernité se manifeste surtout dans les domaines du politique, de l'économique et des formes d'accès à la connaissance. L'émergence de l'État-nation, le développement de la production industrielle à l'usine et l'essor des sciences expérimentales et des technologies complexes l'illustrent parfaitement.

L'État, l'économie, la science

L'État-nation moderne veut dépasser la diversité et la pluralité pour défendre le principe de l'unité. Il associe une seule nation à l'État, avec sa langue nationale et son territoire homogénéisé, contrôlé par un pouvoir centralisé qui combat l'imprévisibilité et l'incertitude. La modernité va de pair avec l'affaiblissement du local et du poids de la communauté. Elle s'accommode mal de ce qui est spécifique, pour stimuler la généralisation. L'État démocratique moderne est censé s'appuyer sur des critères universels et neutres. Pour être légitime, il doit chasser l'arbitraire et régner en respectant les principes d'égalité et de justice.

De même, avec l'industrialisation, l'activité économique est transférée du cadre domestique vers des organisations spécialisées. Ce mouvement s'accompagne d'une division du travail poussée, pour déboucher sur la production de masse standardisée où c'est moins la qualité que la quantité qui est privilégiée. Le produit artisanal, résultant d'une confrontation entre l'art du fabricant et le statut social et les exigences du client, était unique. Sa valeur n'était mesurable que dans le cadre de relations personnalisées, qui pouvaient prendre la forme de négociations, de marchandages, de compromis au cas par cas. Les articles industriels seront fabriqués par des producteurs anonymes, pour des marchés anonymes et distants. La fiabilité se déplace du producteur aux procédés de fabrication.

Enfin, dans le domaine de la connaissance, la domination de la science met un terme à la multiplicité des modes d'accès à la vérité (la magie, la religion, la philosophie, l'expérience personnelle). L'intuition, les sens, les capacités cognitives, le vécu, ou la subjectivité du sujet connaissant cèdent la place à des appareils standardisés [Bagla-Gökalp, 1996] [1]. La méthode scientifique, qui combine observation et expérimentation, doit utiliser des mesures universelles pour aboutir à des résultats universels dont la théorisation demande une capacité d'abstraction élevée pour dépasser les cas concrets.

La modernité substitue la distanciation à l'immédiateté, dans un paysage qui tend progressivement vers la globalité. Elle

1. Les références entre crochets renvoient à la bibliographie en fin d'ouvrage.

arrache les échanges et les interactions aux contextes locaux auxquels ils étaient confinés et les reconstitue dans des espaces lointains où des transactions peuvent avoir lieu avec des inconnus [Giddens, 1990, p. 20-21]. Simultanément, elle substitue au principe de la confiance à des personnes connues celui de la confiance en des systèmes et en des experts. Elle met les données chiffrées au cœur de la gestion de l'organisation sociale et des rapports sociaux, pour traiter d'une diversité de situations en les ramenant à des principes communs. La définition des paramètres pertinents et le choix des techniques de mesure reviennent désormais aux experts.

La standardisation du temps et des mesures

La volonté de rendre toutes les données commensurables est un pur produit de la modernité. Avant le processus de modernisation, on est loin de penser, par exemple, que l'on puisse mesurer de la même manière un champ et un tissu, ni même deux variétés de blé présentant des différences d'humidité ou de saleté. Les traits qualitatifs l'emportent sur les traits quantitatifs et c'est la synthèse de tous les traits d'un objet qui constitue sa qualité [Kula, 1984, p. 93].

Les mesures reflètent la culture, les rapports sociaux et les rapports de pouvoir. Dans la société médiévale, pour un même prix, on peut avoir une quantité variable de marchandises, selon les rapports de force entre le vendeur et l'acheteur ou entre le seigneur et le paysan. Le diamètre et la hauteur du boisseau peuvent être modifiés arbitrairement, et la manière de mesurer son contenu (« comble » ou « ras ») fait l'objet de négociations. Le vendeur de grains au détail tente de réduire le diamètre du boisseau et de mesurer « ras » ; son client souhaite qu'il mesure « comble ». Witold Kula [1984] rapporte les luttes autour des mesures qui opposaient les différents pouvoirs, les villes, les seigneurs, le clergé tenant à maintenir leurs étalons respectifs comme symbole de leur autonomie par rapport à l'autorité royale. Mesurer est un attribut du pouvoir, hier « arbitraire », aujourd'hui de nature « technique ».

Toute politique unificatrice s'accompagne d'une action d'unification des poids et mesures. Avec l'adoption du système métrique sous la Révolution et l'unification des poids et des mesures qui sera achevée par l'État centralisé moderne, la diversité des étalons de mesure cède la place à des principes de mesure neutres, impersonnels, universels et abstraits (tel que le « méridien »). Toutes les grandeurs mesurables sont ramenées ainsi à un dénominateur commun. Il a fallu le zèle des préfets, représentants du pouvoir central, pour imposer ce nouveau système [Kula, 1984, p. 234-243].

La standardisation de la mesure du temps joue également un rôle crucial dans le processus de modernisation. Les heures qui variaient en fonction des données naturelles, des saisons et des localités ne permettaient pas la coordination exigée par la modernité. L'horloge mécanique marquait, au contraire, des heures égales grâce à un battement régulier. Progressivement, le temps local, hétérogène, qualitatif, pouvait devenir universel, homogène et quantitatif [Landes, 1987]. Lewis Mumford a bien souligné le rôle décisif de cet aspect pour la « révolution industrielle » [Mumford, 1963, p. 15].

En permettant la quantification de tous les aspects de l'activité humaine, les mesures universelles ont contribué à l'avènement de l'organisation moderne et à la « normalisation » du salarié. L'école et l'entreprise évaluent les individus à partir de normes dont le but est de les rendre comparables avant de les différencier. Des critères de comparaison impersonnels permettent à l'État-nation de traiter ses citoyens comme des catégories abstraites. Afin d'obtenir des résultats précis et généralisables, les scientifiques utilisent des données expérimentales qu'ils traduisent en mesures standardisées et comparables. Tous ces facteurs contribuent à la construction d'une « vérité unique » permettant un meilleur contrôle de l'espace social. La modernité annonce le début d'une nouvelle ère, où plus personne ne peut « voir midi à sa porte » et où il n'y a plus « deux poids, deux mesures ».

2. Les organisations durant la période de transition

Le passage de la communauté traditionnelle, rurale, de petite taille, assez stable et vivant plutôt religieusement, à la société urbanisée de grande taille, individualiste et rompue à la rationalité scientifique, ne s'est pas fait sans heurts. Les schémas socioculturels et les comportements traditionnels ont pu entrer en contradiction avec les exigences des transformations en cours. Dans d'autres contextes, ils ont au contraire facilité la transition à l'organisation sociale moderne.

Comme le souligne Edward P. Thompson, « il n'y a jamais eu un mode unique de cette transition. La transition renvoie à toute la culture. Et cette culture comprend les systèmes de pouvoir [...], les institutions religieuses, etc. » [Thompson, 1979, p. 29]. Les organisations ont été obligées de composer avec ces éléments. Les premiers industriels ont souvent eu recours à des compromis entre l'ordre social ancien et le nouveau système en train d'émerger [Bagla-Gökalp, 1993].

L'adaptation au contexte social

Les premières organisations industrielles ont dû faire face à l'absence d'une classe ouvrière permanente par des politiques de recrutement et d'encadrement adaptées [Kula, 1960].

• *Trouver la main-d'œuvre.* — L'existence d'une demande de main-d'œuvre industrielle n'engendre pas automatiquement la création d'une offre de travail. Andrew Ure, qui fut le témoin le plus cité du début du processus d'industrialisation, affirmait qu'il était très difficile de convertir des personnes venant des occupations agricoles ou artisanales en bras industriels efficaces après l'âge de la puberté [Ure, 1835, p. 15-16]. Habitués à un travail irrégulier et discontinu et à une autonomie importante, en général les hommes ne se pliaient guère aux exigences des industriels. Les premiers entrepreneurs ont fait appel à des catégories plus faciles à discipliner : femmes, enfants, jeunes filles célibataires. Ils ont préféré attirer vers leurs usines les enfants et les jeunes filles qui, contrairement à l'homme adulte et à la femme mariée, ne bénéficiaient pas d'un statut social bien défini et n'avaient pas de fonctions très précises. Aux États-Unis, la première usine de Samuel Slater n'employait, en 1790, que des enfants. Il évitait, de la sorte, de remettre en cause le fonctionnement traditionnel de la communauté villageoise.

Les industriels se sont parfois installés dans des zones où ils pouvaient trouver une main-d'œuvre stable. Ce choix leur permettait également de faire des économies en matière d'infrastructure. Ainsi, en Angleterre, l'entrepreneur-inventeur Richard Arkwright a-t-il préféré s'implanter à Cromford, un centre minier. Femmes et enfants de mineurs n'y étant employés que pour les opérations de lavage du plomb, l'industrie textile n'a pas eu de mal à les récupérer [Chapman, 1976]. En France, mais aussi ailleurs, chaque fois que les règlements des corporations ont limité leur liberté, les entrepreneurs ont trouvé une main-d'œuvre plus docile dans les campagnes, comme le montre l'exemple des industriels lyonnais se tournant vers les paysans de l'Isère.

• *Mettre à profit les rapports sociaux traditionnels.* — Au début du processus d'industrialisation, l'organisation du travail était sous la responsabilité des maîtres compagnons ou des chefs de famille. Lorsque l'industriel sous-traitait avec un homme de métier, seuls les termes du contrat signé liaient celui-ci. Dans le cadre de cette formule (*inside contracting*), le *contractor* était chargé de produire, à la date convenue, la quantité de marchandises requise. Il devait recruter ses hommes et les payer. Il répartissait également les responsabilités, déterminait le rythme du travail et décidait du montant des salaires [Hill, 1981 ; Nelson, 1980, chap. I].

D'autres industriels, notamment en Angleterre et aux États-Unis, ont fait appel à des familles entières dans le cadre du « système familial ». Parfois, un lopin de terre était attribué à l'homme dont l'épouse et les enfants travaillaient à l'usine, articulant ainsi activité agricole et activité industrielle. Le salaire pouvait être versé sous forme de bons utilisables dans les magasins de la compagnie. Lorsque l'homme était un ancien maître artisan qui mobilisait les membres de sa famille, l'industriel lui confiait le contrôle du rythme et du déroulement du procès de travail. Il était tenu de surveiller et de sanctionner ses dépendants, dont la rémunération était comprise dans la sienne.

L'intégration des rapports de travail dans les schémas existants n'est pas limitée aux phases initiales du processus d'industrialisation. Lorsque des établissements industriels s'implantent, pour la première fois, dans un contexte rural, ils adoptent souvent des pratiques similaires. Ainsi, aux

États-Unis, dans les années quarante, lorsque la General Gypsum Co. spécialisée dans l'extraction du gypse (destiné à la fabrication du plâtre) s'est installée près du village Oscar Center, ses salariés ont poursuivi à temps partiel leurs activités fermières [Gouldner, 1954]. Le recrutement se faisant selon des réseaux familiaux et de voisinage, l'usine reproduisait les rapports en vigueur dans le village et dans la famille, sans apporter de bouleversements majeurs dans le style de vie des villageois. En permettant aux ouvriers de garder leur identité d'agriculteur, les employeurs évitaient également de supporter la totalité du coût de la reproduction de la force de travail industrielle.

Durant les périodes de transition, les structures et rapports anciens sont maintenus tant que le schéma industriel n'est pas consolidé. Ils peuvent être utilisés comme un cadre de référence dont la signification reste la même malgré les changements de forme et de contenu. Georges Balandier et Paul Mercier ont montré à partir d'exemples africains que les structures sociales anciennes servent souvent de support à la nouvelle forme : « Certains peuples africains ont envisagé le séjour des jeunes hommes dans les mines ou les entreprises industrielles comme l'équivalent des anciennes épreuves d'initiation » [Balandier et Mercier, 1964, p. 299].

Les premiers industriels ont ainsi pris appui sur les modes de fonctionnement de l'organisation sociale existante, la puissance des attaches à la terre, au village et à la communauté. En respectant les hiérarchies sociales et la division sexuelle du travail en vigueur, ils ont amorti le choc de la transition. Aujourd'hui comme hier, pour réduire les tensions dues à l'entrée dans le monde industriel et pour stimuler l'offre de travail, les organisations procèdent à une articulation de l'ancien et du nouveau : elles composent avec les familles, les traditions culturelles et la religion. Comme les ouvrières du textile travaillant dans les usines de Lowell, qui accrochaient les pages de la Bible à leurs métiers pour les réciter en travaillant, les ouvriers indiens d'origine rurale, évoqués par Balandier et Mercier, qui transféraient sur les machines des rituels anciens pour s'assurer efficacité et sécurité, et les ouvrières malaisiennes qui voyaient des esprits dans leurs microscopes (*cf.* p. 19), les nouveaux salariés s'efforcent d'intégrer l'inconnu dans un schéma cognitif déjà expérimenté. N'est-ce pas l'une des fonctions de la culture que d'aider la décision dans les situations d'incertitude ?

La gestion paternaliste

Aux facteurs économiques, géographiques ou démographiques s'ajoutent donc des contraintes sociales, culturelles et idéologiques, auxquelles les industriels de la transition doivent faire face. Leur choix consiste souvent à se situer au cœur de la communauté et de sa vie sociale pour y proposer la quasi-totalité des actions associatives, culturelles, éducatives et religieuses, tout en fournissant une bonne partie des services commerciaux et sociaux.

• *Protéger la moralité des ouvrières.* — L'analyse du processus de l'industrialisation américaine, par exemple, a révélé non seulement les interactions entre la division internationale du travail (ici, avec l'Angleterre, l'ex-« mère patrie ») et la division sociale et sexuelle du travail en vigueur, mais aussi les liens entre la composition de la main-d'œuvre, la nature des marchés et de la technologie, les stratégies de recrutement, d'encadrement et de contrôle. L'architecture des établissements industriels, l'aménagement des foyers situés à côté de l'usine et le paysage urbain des premiers centres américains du textile et de l'habillement (tels que Lowell dans le Massachusetts) témoignent de l'influence de l'identité et de la composition de la main-d'œuvre (jeunes filles rurales), ainsi que du poids des idées et des valeurs dominantes sur les modes d'organisation et de gestion [Bagla-Gökalp, 1993]. En France où la persistance de la petite propriété paysanne n'a pas permis une concentration industrielle rapide, tant la main-d'œuvre était dispersée et occupée en alternance par l'agriculture et l'industrie, les usines-couvents se sont multipliées : l'emploi des jeunes filles était mieux accepté dans ces « organisations » régies par des congrégations religieuses.

Ce modèle n'est pas une exclusivité du siècle dernier. Une étude réalisée dans les années soixante-dix à Taiwan a révélé aussi l'hébergement des jeunes ouvrières dans des pensions soumises à une surveillance stricte. Envoyant une partie importante de leur salaire à leurs parents restés au village, elles contribuaient ainsi à l'économie familiale dans le cadre de leur rôle traditionnel [Kung, 1983]. À la même époque, en Malaisie, les industriels ont su répondre aux attentes des familles musulmanes et rurales dont les filles étaient recrutées en masse par l'industrie électronique. La longueur des uniformes, l'information sur les horaires de travail des différentes équipes, le ramassage des ouvrières par les cars de la compagnie, leur surveillance pendant et après le travail ont fait l'objet d'interminables négociations entre les familles et les employeurs, par l'intermédiaire de l'État. Les usines ont mis des salles de prière à la disposition de leurs ouvrières. Aux contremaîtres, qui se faisaient souvent appeler « père » ou « oncle », on demandait de surveiller la moralité des ouvrières autant que leur productivité [Bagla-Gökalp, 1993].

• *Devenir le bienfaiteur de la communauté.* — En attribuant terres et logements aux ouvriers, en leur assurant un minimum de stabilité en cas de maladie ou de fluctuations des marchés, en construisant écoles, bibliothèques et églises, les employeurs arrivaient à obtenir un contrôle plus complet et efficace : « Un patron et une main-d'œuvre locale mutuellement dépendants peuvent tendre au compromis » [Touraine et Mottez, 1964, p. 243]. À la recherche de la paix sociale, « on coulait la nouvelle société industrielle dans les moules de l'Ancien Régime », en faisant de l'usine « un réseau d'obligations réciproques » [Garrier, 1978, p. 379-380].

Dans l'ensemble, les périodes de transition se caractérisent donc par ce que l'on appelle la « gestion paternaliste ». Le patron veille sur la vie matérielle et spirituelle de ses ouvriers. Souvent, il les connaît personnellement, est au courant de ce qui se passe dans leur vie privée, accepte d'embaucher un nouveau membre d'une famille qui a besoin d'un salaire supplémentaire. Lorsqu'il recrute des jeunes filles, il fait preuve d'imagination pour adapter les méthodes d'encadrement et de contrôle aux exigences des familles et de la société traditionnelle. En même temps, le fait de recruter ses salariés dans le même milieu permet à l'employeur de bénéficier de la transmission tacite d'un savoir, d'une manière de vivre et d'une socialisation adéquates qui rendent également les employés plus prévisibles : « Dans une petite communauté, le lien social tout court est en même temps un lien de contrôle social » [Kula, 1960, p. 518].

Le contrôle des partenaires

Pendant les phases de transition, entrepreneurs et hommes d'affaires cherchent à se protéger non seulement contre le risque d'une main-d'œuvre incontrôlable, mais aussi contre des partenaires imprévisibles. Pour réduire l'incertitude dans le choix de leurs partenaires, lorsqu'ils ne les connaissent pas personnellement, les entrepreneurs recourent à des critères tels que l'origine géographique, ethnique ou religieuse. Les risques liés aux échanges, transactions et contrats avec des personnes inconnues sont évalués à partir de ces informations.

David S. Landes [1993] montre comment les premiers banquiers marchands en étaient réduits à accorder leur confiance en fonction de critères tels que le caractère, la moralité, la vertu. Les banques les plus solides étaient fondées par des groupes dont l'histoire, marquée par la persécution religieuse et l'attitude d'autodéfense, avait nourri la solidarité, l'entraide et la confiance réciproque. À l'étranger, les banquiers coopéraient avec des correspondants sur place, formant ainsi un réseau de relations et d'informations pour un meilleur contrôle de la situation. L'ensemble fonctionnait comme un code de conduite dont l'efficacité dépassait de loin celle des contrats rédigés avec le plus grand soin.

Selon Rosabeth Moss-Kanter, le besoin de prévoir les comportements de « l'autre » se retrouve dans toute organisation fraîchement créée où, faute de modèles déjà élaborés, le niveau d'incertitude reste élevé. Même dans une entreprise moderne, les managers viennent, le plus souvent, de milieux sociaux similaires qui partagent les mêmes valeurs et la même vision du monde. L'auteur affirme que cette forme de recrutement (selon un principe qu'elle qualifie d'« homosocialité ») favorise une perception identique des situations, facilite la communication et augmente le degré de prévisibilité et de confiance [Moss-Kanter, 1977, p. 68]. Dans la conjoncture des années quatre-vingt-dix où l'incertitude des marchés, la permanence de l'innovation technologique et d'autres facteurs augmentent l'imprévisibilité, sociologues, économistes et gestionnaires se sont remis à étudier le rôle des réseaux, des relations personnelles, de la confiance, des valeurs partagées et de l'éthique dans la conduite des affaires (*cf.* ch. III). Par ailleurs, constatant la sensibilité accrue des partenaires sociaux aux questions éthiques, il est évident que les dirigeants d'entreprises ont bien d'autres raisons de s'inscrire dans ces problématiques : attentes des (« nouveaux ») consommateurs, succès des nouvelles formes de gestion et du capital immatériel, les pressions concernant la démarche qualité, la prévention des risques et le « développement durable » qui forcent les entreprises à devenir « vertes » et à se montrer plus responsables (sur ces questions, voir : [Arnsperger et Van Parijs, 2003 ; Ballet et de Bry, 2002 ; Boyer *et al.*, 2002 ; Chami, Cosimano et Fullenkamp, 2002 ; Claude, 2002 ; Cole et Scott, 2000 ; Crane, 2000 ; Das et Teng, 2002 ; Dherse et Minguet, 2002 ; Ferone *et al.*, 2001 ; Froman, Gey et Bonnifet, 2002 ; Gélinier *et al.*, 2002 ; Laville, 2002 ; Lipotevsky, 2002 ; Naudet, 2001 ; Persais, 2002 ; Reed, 2002 ; Salmon, 2002 ; Smets, 2002]).

3. Le contrôle de l'espace, du temps et de la technologie

Le contrôle est le principal enjeu des relations industrielles. Le besoin de contrôle éprouvé par les employeurs peut influencer le choix de la technologie et de la main-d'œuvre, ainsi que les politiques de recrutement. Les formes de contrôle tiennent compte des spécificités de chaque situation. Les employeurs peuvent faire appel, selon le cas, à la force, au compromis ou à la prévention. Certaines formes de contrôle engendrant davantage de résistance, le début du processus d'industrialisation abonde en exemples de conflits : luddisme, sabotages, grèves. Les ouvriers qualifiés n'hésitaient pas à s'organiser pour obtenir une réglementation de l'accès à l'apprentissage ou pour contester les nouvelles technologies et les nouvelles conditions de travail menaçant leur métier et leur autonomie.

Les employeurs ont utilisé des méthodes diversifiées afin de réduire la résistance des salariés. Mais selon le contexte local d'une usine, la nature de ses marchés et de ses technologies, la composition de la main-d'œuvre locale et son degré de combativité, ces méthodes de contrôle sont plus ou moins efficaces. Les caractéristiques de l'organisation et de la division du travail, les méthodes d'apprentissage et de transmission du savoir, l'existence ou l'absence d'autres occupations influencent également les rapports de force entre employeurs et employés.

L'usine comme lieu de surveillance

Durant les phases initiales de l'industrialisation, faute de machines perfectionnées, le rythme et la durée de la production, ainsi que le soin apporté au travail restaient les principaux moyens d'augmentation des profits. D'où l'importance d'un contrôle direct et serré.

• *Discipliner les corps.* — Les historiens économistes avaient expliqué le développement et la prolifération des usines par leur contribution à l'efficacité de la production, parallèlement à la complexification de la technologie. Or, on a pu observer que les premières usines ne différaient guère du système de production artisanale. À l'exception des textiles, elles lui ont emprunté son organisation du travail et sa technologie [Clawson, 1980]. Même en l'absence d'une technologie supérieure, les usines auraient augmenté la productivité en intensifiant la division du travail et en l'organisant autrement, avec une discipline améliorée. Le contrôle que le marchand capitaliste pouvait exercer sur les travailleurs à domicile dans le cadre du *putting-out system* était plutôt limité [Landes, 1986]. Il ne pouvait pas les obliger à travailler plus. Il lui était impossible de déceler différentes formes de tricherie, telle la pratique consistant à mouiller la laine pour en augmenter le poids. L'usine fut avant tout un lieu où l'on pouvait surveiller et discipliner les ouvriers.

Dans les premières usines textiles, le maître fileur, dont le travail était simplifié suite à la mécanisation, a vu sa fonction de surveillance l'emporter sur le reste. William Lazonick [1979] insiste sur l'importance de l'autorité et des mécanismes de contrôle destinés à augmenter la productivité. L'organisation du travail est fortement influencée par cet aspect. S'agissant du filage, occupation restée masculine en Angleterre, Lazonick réfute les explications purement techniques de cette division sexuelle du travail : même les métiers courts, plus faciles à utiliser, ne sont pas confiés aux femmes. Il explique leur absence par la difficulté, pour une femme, de se faire obéir de ceux qu'elle encadre. D'autant plus qu'à l'époque les punitions corporelles étaient en usage. Dans les usines de coton de Pittsburgh du siècle dernier, les enfants et les jeunes filles pouvaient être fouettés [Sullivan, 1955]. Si, malgré l'absence de technologies adéquates, les usines japonaises de coton et de soie du XIXe siècle arrivaient à faire face à la concurrence européenne, c'était aussi grâce aux méthodes de contrôle : pour pousser les ouvrières au bout de leur capacité, les contremaîtres pouvaient battre celles qui n'allaient pas assez vite [Tsurumi, 1990, p. 76].

• *Neutraliser les effets des croyances.* — Le contrôle peut intégrer, également, les croyances traditionnelles des salariés. Dans les années soixante-dix, les employeurs de l'industrie électronique qui recrutaient des jeunes femmes asiatiques ont dû réagir très rapidement à des comportements étranges, comparables à une crise d'hystérie. Ce type de réactions était déjà observé durant la période coloniale en Malaisie. Dans les camions qui les transportaient, malgré eux, vers des plantations d'hévéas (dont on extrait le caoutchouc), les autochtones étaient pris de convulsions et manifestaient des symptômes quasi hystériques. Sociologues et ethnologues ont interprété l'hystérie de masse comme une forme de résistance passive, culturellement admise, à la difficulté des conditions de travail, — autrement dit, comme une revendication de liberté.

Les jeunes ouvrières malaisiennes de l'assemblage électronique croyaient voir, à travers leurs microscopes, les esprits maléfiques et les fantômes ou *hantus* des croyances populaires et de la culture traditionnelle malaises. Les directions américaines de plusieurs de ces usines, réputées pour leur rationalisme, ont dû faire appel à un exorciseur-guérisseur traditionnel (chaman). Dans l'industrie électronique, en attendant la purification des lieux, l'usine fermait ses portes. Certaines directions ont alors préféré embaucher un chaman pour rétablir l'ordre de manière permanente [Ong, 1987].

L'appropriation du temps

Si les politiques de recrutement, la structuration de la vie communautaire autour de l'usine et le recours aux institutions et à l'autorité traditionnelles ont été des formes de contrôle largement utilisées, c'est l'appropriation du temps et du rythme de travail par l'employeur qui est au cœur de l'organisation moderne.

• *L'horloge de l'usine.* — Tant que les producteurs étaient maîtres de décider des parts respectives du loisir et du travail dans leur vie, les industriels ne possédaient aucun moyen de pression pour les pousser à augmenter leur production. La séparation des lieux de vie et de production et la fixation du temps de travail par l'employeur ont imposé la régularité et la discipline industrielles. Le contrôle, c'est d'abord le contrôle du temps. C'est pourquoi l'horloge a symbolisé les premières usines [Thompson, 1979].

L'homogénéisation et la standardisation du temps ont permis de regrouper les activités des salariés sous un même toit, où le besoin de coordination mettait un terme au caractère individuel du rythme de travail. Pour l'ouvrier, la perte d'autonomie commençait par celle du contrôle de son temps : c'est cet aspect qui a suscité le plus de luttes et de résistances. Parallèlement, s'affranchir du temps imposé fut synonyme de statut et d'autonomie. Les relations industrielles se transformèrent radicalement avec le nouveau rapport au temps, dont la valeur était également modifiée.

• *Vendre son temps.* — Avant l'industrialisation, en l'absence d'un temps standard et universel, la question était de savoir à qui appartenait la mesure du temps. Elle se posait déjà dans les villes médiévales où les manufactures de textile avaient défini le temps de travail. Dans les centres européens du textile du XIVe siècle, des cloches indiquaient le début et la fin de la journée de travail. Payés à la journée, les travailleurs devaient se conformer au temps carillonné. Or, dans les moulins à foulon et les ateliers de teinture, les travailleurs ne faisaient pas toujours confiance aux cloches, sachant que les employeurs étaient maîtres de la sonnerie ou dominaient le conseil de la ville [Landes, 1987, p. 115-118]. Avec la multiplication des horloges et la standardisation du temps, le problème fut réglé. L'employeur ne revendiquait plus l'exclusivité du droit de mesurer le temps : il s'appropriait directement le temps de ceux qu'il employait.

Dès le transfert de l'activité de l'atelier artisanal à l'usine, le temps devient le point focal : au lieu de se rapporter à un travail défini, la rémunération se fait en termes d'unités temporelles (à l'heure, à la journée, à la semaine), donnant à l'ouvrier l'impression de vendre son temps [Hassard, 1996]. Une fois cette conscience du temps inculquée aux ouvriers, ceux-ci ont vite compris le sens de la devise « Le temps, c'est de l'argent ». Ils ont réclamé le paiement des heures supplémentaires et, surtout, lutté pour la réduction du temps de travail, dans le cadre des mouvements tels que la « bataille des dix heures » [Thompson, 1979, p. 37-38]. Ainsi, lorsqu'il n'y eut plus lieu de douter de l'authenticité de la mesure du temps, c'est la longueur du temps de travail qui devint source de tensions, variant au gré des modifications des rapports de force. Dès les premières organisations, le temps a été l'enjeu fondamental des relations industrielles. Entre l'utopie de la « société de loisir » qui se référait à la possibilité de mobiliser la technologie pour soulager l'homme et le pessimisme de la « fin du travail », qui, partant des mêmes constats, soulignait plutôt la pénurie d'emploi pour proposer son partage, le temps de travail continue à faire réfléchir. Entre les deux positions extrêmes évoquées, on a vu se développer les tentatives d'aménagement et de réduction du temps de travail (ATT, RTT) [Aubourg et Moura, 2002 ; Dayan, 2002 ; Lojkine et Malétras, 2002 ; ministère de l'Emploi et de la Solidarité, 2002]. Ces mesures continuent de susciter les réactions des partenaires, comme le montre le débat sur les 35 heures. Enfin, les mutations en cours et la réduction du temps de travail permettent à d'autres de reposer la question du rapport différent des femmes au temps du fait des contraintes qui leur sont spécifiques, pour inviter à intégrer cette dimension dans les débats sur le partage [Méda, 2002].

Les salariés ont toujours résisté à l'incorporation de leur savoir-faire dans des technologies qui permettent aux employeurs de les remplacer par une main-d'œuvre inexpérimentée, moins qualifiée et, par là même, souvent peu combative. Une innovation technologique peut viser le contrôle plutôt que l'augmentation de la productivité. Parfois, les employeurs ont préféré sacrifier la productivité et l'efficacité afin de modifier les rapports de force existants. Lorsqu'ils étaient solidaires, les ouvriers résistaient avec plus de détermination aux transformations technologiques et organisationnelles menaçant leur autonomie et leur pouvoir de négociation. La disponibilité d'une technologie n'a pas toujours conduit à son utilisation systématique : les ouvriers ont pu définir des stratégies retardant son adoption.

• *Technologie et rapports de force.* — La fonderie McCormick à Chicago à la fin du XIXe siècle illustre la première situation [Ozanne, 1967]. Les employeurs voulaient remplacer leurs ouvriers hautement qualifiés, syndiqués et très combatifs, par une main-d'œuvre moins qualifiée et peu revendicative. La mécanisation semblait offrir la solution. Ainsi la direction a-t-elle procédé à un changement technologique : pour la fabrication des moissonneuses, elle s'est équipée, dans les années 1880, de machines de moulage pneumatiques. Or, malgré leur coût extrêmement élevé, leur fiabilité était très réduite : la qualité des pièces moulées restait assez médiocre. Ces machines ont permis, toutefois, de se passer (momentanément) du savoir-faire des ouvriers qualifiés dont le pouvoir de négociation s'est ainsi affaibli. Son objectif atteint, la direction a abandonné cette technologie.

L'exemple de l'industrie américaine du saumon en boîte, au tournant du siècle, est différent. L'homogénéité ethnique et géographique des ouvriers a, dans ce cas, augmenté leur capacité à résister à une innovation technologique [O'Bannon, 1987]. L'activité présente des contraintes majeures : compte tenu du caractère saisonnier (durée limitée du frai) et de l'imprévisibilité de la quantité de travail pour le conditionnement et l'empaquetage (irrégularité de la pêche), il fallait mettre tout le produit en boîte en l'espace de quelques mois. Cette industrie dépendait entièrement d'une main-d'œuvre qualifiée, constituée d'immigrés d'origine chinoise qui acceptaient la longueur des journées et la difficulté des conditions de travail. Face à l'imprévisibilité des arrivages et à la pénurie de main-d'œuvre qualifiée, la mécanisation présentait un intérêt certain pour les industriels. La solidarité des ouvriers chinois leur permit de résister à l'adoption de technologies telles que la machine à poser et à souder les couvercles et la machine à fabriquer les boîtes en fer-blanc. Dans la mesure où, pour les opérations non mécanisées comme la découpe du poisson, on comptait encore largement sur leur savoir-faire, les ouvriers réussirent à faire céder les industriels en refusant de signer des contrats avec les conserveries mécanisées et en recourant facilement à la grève.

Dans l'industrie textile britannique, les fileurs avaient toujours contrôlé le système d'apprentissage et le procès de production. Ce contrôle garantissait la qualité du travail, conférant ainsi aux fileurs et à leurs puissants syndicats un pouvoir de négociation considérable. Ils purent, par exemple, empêcher l'entrée des femmes dans le métier et refuser de former des apprentis de sexe féminin, afin d'éviter une déqualification, une dévalorisation de leur métier et une diminution consécutive de leurs salaires. Ils exerçaient également un pouvoir important sur leur *piecer* (bras droit du fileur, chargé de renouer les fils cassés). Grâce à cette division du travail hiérarchisée, lorsque les métiers à anneaux (inventés aux États-Unis et utilisables par les femmes) ont concurrencé leur technologie vers les années 1880, ils ont augmenté la charge de travail de leur *piecer* pour maintenir leur compétitivité. Ils ont réussi à convaincre les industriels du textile de retarder l'adoption des nouveaux métiers, pourtant plus rentables [Lazonick, 1979].

• *Variations autour d'une même technologie.* — Lorsque l'automatisation des métiers a réduit l'importance des savoir-faire et de l'apprentissage, les syndicats britanniques ont maintenu le contrôle du métier, et les fileurs leur autonomie. Aux États-Unis, l'évolution de la technologie et son utilisation ont suivi une autre voie. D'une part, les terres abondantes et bon marché y absorbaient la quasi-totalité des bras disponibles, ce qui augmentait le prix du travail non qualifié par rapport à l'Angleterre ; d'où la rapidité avec laquelle les industriels américains ont adopté des technologies pouvant se substituer au travail humain, pour instaurer un modèle d'industrialisation à forte intensité capitalistique [Habakkuk, 1962]. D'autre part, contrairement à la forte tradition syndicale en Angleterre, les ouvriers américains manquaient d'organisation pour défendre leurs intérêts.

Ainsi, malgré l'utilisation des renvideurs automatiques, enroulant sur les bobines le fil produit par le métier à filer, le fileur britannique continuait à travailler avec un *piecer* et un *scavenger* (chargé de nettoyer les déchets de coton), tandis que le fileur américain avait seulement un *piecer*. De même (en 1860), alors qu'un fileur britannique s'occupait de deux métiers, le fileur américain en avait quatre [Habakkuk, *ibid.*, p. 58]. À technologie égale, du fait des différences dans l'organisation et la division du travail, le fileur américain supportait une charge de travail plus importante. En Angleterre, la responsabilité de l'organisation et de la division du travail revenait toujours au fileur. Aux États-Unis, le rythme du travail, le nombre d'apprentis ou d'aides alloués au fileur, la nature de la division du travail étaient déjà déterminés par la direction.

Les choix technologiques comme la définition des qualifications comportent des dimensions sociales et politiques. La différence des rapports de force entre employeurs et employés peut conduire à des choix organisationnels et technologiques, à une division du travail et à une reconnaissance des qualifications complètement différents. Le contrôle est d'autant plus important que, contestant l'ordre des usines, les ouvriers peuvent recourir à des stratégies obligeant les industriels à négocier et à céder. Les formes et les modalités des conflits industriels et les solutions apportées ont abouti à une institutionnalisation des relations industrielles pour réduire l'incertitude (*cf.* chap. II).

II / Taylorisme et bureaucratie : le « contrat social moderne »

Les Lumières avaient fait de la science le garant de l'amélioration de la vie en société. L'utilisation efficace des machines a ajouté à cette préoccupation d'ordre moral et politique une dimension matérielle et économique. Comme les horloges, les machines avaient un rythme régulier. Elles symbolisaient également la découverte des lois de la nature. Tout semblait marcher comme un mécanisme préréglé, de manière quasi divine. N'a-t-on pas parlé, d'ailleurs, de l'« homme machine » et du « Dieu horloger » ? Les machines ont servi de métaphore pour penser l'homme, l'organisation, l'univers. L'ingénieur est devenu la figure centrale d'un monde social caractérisé par le processus de rationalisation. Membre de cette profession, Frederick Winslow Taylor, lui a confié une mission cruciale dans l'organisation scientifique du travail dont il a défini les méthodes.

L'approche de Taylor, qui a donné son nom à l'organisation taylorienne, est normative. Sociologue, son contemporain Max Weber s'est contenté d'analyser le processus de rationalisation et d'expliquer les raisons du développement de l'organisation bureaucratique dans un tel contexte [Taylor, 1911 ; Weber, 1922]. En tant que modèles d'organisation du travail, taylorisme et bureaucratie ont souvent été rapprochés. Leur comparaison les fait apparaître comme les produits naturels de la modernité, allant dans le sens d'un mouvement qui, depuis les Lumières, incarne l'esprit scientifique et la recherche d'efficacité.

1. La philosophie sociale du taylorisme et de la bureaucratie

L'organisation bureaucratique représente, pour Weber, la forme de « domination légale », la seule que l'homme moderne est prêt à accepter. Elle fournit le cadre juridique et social qui répond le mieux à son besoin de justice et d'égalité. Même si elle enferme l'individu dans une « cage de fer », la bureaucratie reste donc un moindre mal. Taylor se pose, lui aussi, la question de la légitimité de la forme de gestion qu'il préconise. Mais sa réponse est vite trouvée : son modèle se voulant scientifique, a-t-il besoin d'être justifié ? Les résultats de la science ne sont-ils pas indiscutables ? Weber comme Taylor avaient compris le rôle vital du savoir et de la connaissance dans l'exercice du pouvoir. Dans l'organisation moderne, toute autre forme d'autorité serait contestée comme abusive ou arbitraire. C'est dans ce contexte que le management moderne mobilisera des techniques de gestion et de contrôle représentées par un corps d'expertise afin de légitimer ses choix et décisions. Il fera appel aux données chiffrées pour l'évaluation standard des performances des individus et des différentes unités, en mobilisant les apports de la psychologie industrielle et les méthodes comptables.

L'organisation selon l'ingénieur

Physiciens, mathématiciens et ingénieurs de la fin du XIXe siècle sont obsédés par l'amélioration de la production et de l'utilisation de l'énergie. D'où le recours à des équations de conversion ou d'équivalence pour fournir des mesures standardisées d'énergie, et à une comparaison de l'homme et de la machine. Rompu à l'idée qu'il faut utiliser toutes les ressources de manière efficace, Taylor insiste également sur l'énergie humaine. Selon lui, un ouvrier (même qualifié) ne saurait découvrir par la seule expérience la manière la plus efficace de travailler. C'est donc aux ingénieurs (qui s'installeront progressivement dans les « bureaux d'études et des méthodes » des entreprises, pour se charger de la planification, des « gammes » opératoires, de l'ordonnancement) qu'il confie la responsabilité d'inciter les ouvriers à donner le meilleur d'eux-mêmes grâce à l'ingéniosité des méthodes. La conception des procédés, le choix des techniques, la description des tâches, l'organisation de la production seront donc désormais assurés par ces bureaux d'études chargés de désigner la meilleure façon de faire : d'où la formule « *one best way* ».

• *Le point de départ de Taylor.* — Taylor a développé ces idées pendant les expériences qu'il a conduites chez Midvale Steel Works dès 1880-1881 pour définir l'« art de couper les métaux ». Ses expériences étaient subventionnées par les responsables des entreprises de machines-outils Sellers (à Philadelphie), également propriétaires de Midvale Steel. Intéressé par la possibilité de couper le maximum de pièces en un minimum de temps, William Sellers, ingénieur en chef de la compagnie, voulait tout savoir sur la vitesse et les capacités des machines-outils.

Bien avant Taylor, en 1867, un autre ingénieur, Egbert P. Watson, s'était déjà penché sur la coupe des métaux pour identifier certaines variables comme l'angle de coupe, le diamètre, etc. Taylor y a ajouté d'autres paramètres tels que l'évaluation des besoins en énergie pour une coupe plus efficace ou la définition de la vitesse et des mouvements des opérateurs pour une utilisation optimale des machines [Clark, 1996]. Une main-d'œuvre dépourvue d'expérience du métier serait plus facile à convaincre : il lui suffirait de suivre les instructions des ingénieurs pour accomplir un travail dont tous les éléments et toutes les phases seraient précisés dans leurs moindres détails. En *décomposant le travail en gestes simples*, on ferait d'une pierre deux coups : on augmenterait la productivité tout en réduisant le coût du travail.

L'importance attribuée à la division du travail découlait déjà des enseignements d'Adam Smith (à partir de l'exemple de la fabrique à épingles [Smith, 1776]). De même, certaines expériences d'innovation organisationnelle (notamment dans l'industrie américaine des bottes et chaussures, au début du XIXe siècle) avaient démontré que l'intensification de la division du travail permettait de réduire la part de la main-d'œuvre qualifiée, avant même la mécanisation, à laquelle elle préparait par ailleurs le terrain.

• *Les principes du taylorisme.* — L'*étude du temps,* le *salaire différentiel* comme méthode d'incitation, et la *substitution de la coopération au conflit* sont d'autres principes mis en avant par Taylor pour augmenter l'efficacité, au même titre que la division du travail en tâches simples. Il ne les a pas inventés non plus. La corrélation entre travail et temps était largement discutée parmi les ingénieurs français et américains du siècle dernier, notamment autour des années 1870 [Hoskin et Macve, 1994, p. 83-85]. Taylor s'est donc inspiré de toute une accumulation d'expériences menées notamment dans l'industrie des machines-outils, particulièrement intéressée par la précision dans la production des pièces métalliques standardisées et interchangeables.

La *standardisation des machines et des pièces* était également un moyen de contrôler le travail ouvrier. Au XIXe siècle, dans les textiles par exemple, chaque machine était différente et les fileurs adaptaient leurs métiers à leurs méthodes de travail. La comparaison étant impossible, il était difficile de procéder à des mesures de productivité. Ainsi, à Oldham (Angleterre), c'est seulement lorsque les usines ont commencé à s'équiper de renvideurs automatiques fabriqués de manière quasi standardisée par une firme locale que les employeurs ont pu obtenir l'information sur les capacités réelles de ces machines et sur les quantités qu'elles pouvaient produire [Huberman, 1990]. Taylor ne pouvait pas instaurer une méthode et un temps standardisés sans que les autres facteurs (machines, vitesses des machines, matières entrant dans la fabrication du produit) soient eux-mêmes standardisés [Mouzelis, 1967, p. 80-82].

Le contrôle des machines par les ingénieurs sert les intérêts des industriels parce que le travail effectué sur des machines standardisées est plus prévisible et plus régulier. Dès 1872, Coleman Sellers, ingénieur en chef de la compagnie Sellers, invite les ingénieurs à construire des machines qui ne pourront plus être modifiées par les travailleurs selon leurs caprices [Kanigel, 1997, p. 217]. Henry R. Towne, président de l'ASME (American Society of Mechanical Engineers), encourage les ingénieurs à combiner les préoccupations économiques et techniques. Dans une communication intitulée « L'ingénieur comme économiste », il affirme que la contribution de l'ingénieur à l'efficacité d'une organisation doit s'évaluer en termes économiques [Towne, 1886]. La logique de l'économiste et celle de l'ingénieur s'articulent bien : pour l'ingénieur, la réduction du risque revient à éliminer l'intervention humaine ; pour l'économiste, la même méthode réduit les effectifs, donc les coûts. L'architecture et la conception des machines reflètent ce double souci. Un objectif parallèle consiste à *formaliser les savoir-faire* acquis et développés par les ouvriers.

• *Les tentatives de légitimation.* — Le principe de la coopération était, lui aussi, déjà défendu avec force au sein de l'ASME : président de cette société en 1882, Robert H. Thurston affirmait que capital et travail avaient les mêmes intérêts [Kanigel, 1997, p. 279-280]. Le « contrat social » proposé par Taylor consistait en fait à abandonner les luttes autour du partage du gâteau pour essayer d'augmenter la taille du gâteau. Employeurs et salariés étaient appelés à avoir une responsabilité égale dans cet effort. Taylor ne se lassait point de répéter que son modèle impliquait une vraie révolution des mentalités. Quant au salaire différentiel (qui varie en fonction du nombre de pièces produites — d'où le nom de « salaire à la pièce »), déjà appliqué par quelques industriels, Taylor y a trouvé une solution équitable et efficace. Ce principe de rémunération qui récompense l'effort lui permettait également de désigner « l'homme le plus adapté pour chaque tâche » [Taylor, 1911, p. 146]. Enfin, la littérature sur les budgets et les coûts standard est contemporaine du taylorisme ([Miller et O'Leary, 1994, p. 104], *cf.* également p. 38). Taylor avait compris que la comptabilité serait l'outil idéal du management scientifique.

Comme l'affirme Daniel Nelson, le taylorisme est un pur produit de cette fin de siècle, avec ses questionnements économiques, techniques, politiques [Nelson, 1980, p. 103]. La contribution de Taylor consista à saisir ce qui était dans l'air du temps, à établir les liens entre différents principes et à en faire une synthèse pour déboucher sur quelque chose de cohérent. Il donna corps à des processus déjà en cours. Mais il fut le premier à oser dire : « Dans le passé l'homme venait en tête. À l'avenir, c'est le système qui viendra en tête » [Kanigel, 1997, p. 19 et 217].

Les réactions au taylorisme

Le projet de Taylor convenait parfaitement aux États-Unis, pays où la mobilité sociale était relativement importante et où les industriels s'étaient lancés, dès le début, dans la production de masse standardisée. À l'époque où il développait son modèle, l'Amérique recevait des vagues entières d'immigrés d'origine rurale fuyant la misère et la famine, tandis qu'une poignée d'ouvriers qualifiés et combatifs, habitués à travailler de manière autonome, posaient d'autres problèmes. Dans un tel contexte, la doctrine de Taylor proposait des solutions à de nombreuses difficultés.

La décomposition des tâches et l'incorporation des savoir-faire dans des machines permettent d'intégrer la main-d'œuvre immigrée inexpérimentée dans la société américaine. En offrant aux ingénieurs et à d'autres experts la possibilité d'une promotion sociale par la voie du management professionnalisé, le taylorisme contribue à renforcer la classe moyenne, qui a la réputation d'être un facteur d'équilibre et de stabilité [Merkle, 1980].

En France, l'absence de « marchés de masse » et la prédominance des petites entreprises familiales privilégiant une production de qualité perpétuent, au contraire, l'importance des savoir-faire tacites des ouvriers. Les secrets de fabrication sont jalousement gardés. Les formaliser et les mettre sur papier sous forme d'instructions semble dangereux. Les différences économiques, sociales et culturelles avec les États-Unis sont telles que, contrairement à Taylor, Henri Fayol, l'idéologue français de la « science administrative » va prêcher l'unité du commandement et de l'autorité [Fayol, 1928]. Son discours s'intègre mieux dans l'ordre social plus hiérarchisé de la France [Merkle, 1980]. Si les principes de Taylor sont contestés en France, la guerre donnera au travail taylorisé une légitimité relative [Moutet, 1984]. D'abord parce que des femmes sans expérience de métier doivent remplacer les hommes mobilisés. Ensuite parce que la « raison d'État » neutralisera l'éventuelle résistance des syndicats.

Dans pratiquement tous les pays, quel que soit le régime politique, les ingénieurs diffusent les idées de Taylor. En France, ce rôle est joué par Henry Le Chatelier qui bénéficie de l'enthousiasme des industriels de l'automobile. Même Lénine voit dans le taylorisme un bon moyen pour mettre les paysans russes au travail industriel : l'accroissement de la productivité du travail ne pouvait que faciliter la transition au socialisme.

Le taylorisme ne tarda pas à alimenter de nombreux débats autour du thème de l'aliénation, du fait de la séparation de la conception et de l'exécution et du confinement des ouvriers à un travail appauvri, parcellisé, à la chaîne, dont ils ne pouvaient comprendre le sens, faute de vue d'ensemble. Les fonctions des managers professionnels, qui, pour Taylor, n'étaient que les représentants neutres de la science, sont également contestées. En France, le rôle organisationnel des ITC (ingénieurs, techniciens, cadres) suscite des réticences. Ceux qui l'analysent refusent de le réduire à sa dimension technique pour souligner leur rôle idéologique et de surveillance : leur identité en paraît ambiguë [Poulantzas, 1974].

L'organisation bureaucratique

Comme l'organisation scientifique du travail, la bureaucratie met en avant le système plutôt que l'homme. Selon Weber, la légitimité de la forme bureaucratique de gestion découle d'une conviction : les procédures, ainsi que les droits et devoirs qu'elles fixent, s'appuient sur des principes acceptés et partagés par les membres de l'organisation. Lié à une fonction, à un type d'expertise et à un savoir-faire, le pouvoir a un caractère technique et impersonnel. Ce qui, par ailleurs, permet d'éviter les crises de succession.

• *Les principes de la gestion bureaucratique.* — La bureaucratie réduit les relations de travail à des relations entre fonctions : plutôt qu'à une personne concrète, l'individu a le sentiment d'obéir au représentant provisoire d'un poste auquel sont attribuées des responsabilités et des prérogatives. La continuité de l'activité organisationnelle n'est donc pas menacée : les incompatibilités de caractère, les émotions et sentiments ne viennent pas perturber l'activité organisationnelle. Les tensions sont réduites et la communication en est facilitée, du moins en théorie.

Dans l'organisation bureaucratique, pour éviter toute tendance au favoritisme, le recrutement, la répartition des responsabilités et la promotion se font en fonction de critères universels et objectifs : concours, diplômes, titres, ancienneté. Les postes, les fonctions et leurs relations, matérialisés par un organigramme, et les obligations de chacun étant clairement définis, l'individu sait ce qu'il doit faire, échappant ainsi à l'anxiété qui accompagne une prise de décision. Pour les mêmes raisons, le subordonné est protégé de l'arbitraire de son supérieur hiérarchique.

Comme les principes de l'organisation scientifique du travail, les principes bureaucratiques cherchent à rendre les comportements humains prévisibles pour rationaliser les relations de travail. Si le taylorisme s'appuie, pour cela, sur des techniques standardisées, la bureaucratie compte sur la clarté de règles générales et abstraites. Les comportements organisationnels sont codifiés et l'incertitude est moindre grâce à la réduction du nombre de solutions possibles et au développement de « routines organisationnelles ».

La volonté de réduire l'incertitude et d'augmenter la prévisibilité nécessite le renforcement de la hiérarchie organisationnelle. Liée de près au pouvoir, l'information est détenue par la direction et acheminée en suivant la ligne hiérarchique. Pour le commun des salariés, l'initiative et la spontanéité cèdent la place à l'obéissance et à la conformité. Caractérisée par une multitude de strates et de fonctions intermédiaires entre la base et la direction, l'organisation bureaucratique développe une structure pyramidale, qui se retrouve également dans l'entreprise moderne, d'autant plus qu'elle a tendance à recourir à l'« intégration verticale » (*cf.* p. 33). Quelles que soient les explications retenues, aussi bien les organisations industrielles que celles du tertiaire voient leur taille et leurs effectifs augmenter. Le mouvement est en train de s'inverser depuis les années quatre-vingt (*cf.* chap. III).

• *Stratégie de gestion, structure organisationnelle.* — Dès le début du XXe siècle les entreprises s'organisent autour de fonctions telles que la fabrication, la vente, les finances, qui dépendent d'une direction centrale. D'après Alfred Chandler [1962, 1977], du fait des nouvelles stratégies managériales consistant à « internaliser » un nombre croissant d'activités jusque-là assurées à l'extérieur, une forme encore plus complexe, dite « multidivisionnelle » (ou M), d'abord rencontrée aux États-Unis, succède à la forme « unitaire » (ou U) caractérisée par l'absence de diversification.

Ainsi, avec le développement de nouvelles technologies, des moyens de transport et de communication et l'expansion des marchés, la gamme des produits et des services devient plus riche, les produits sont plus sophistiqués et les activités des firmes géographiquement plus dispersées. L'entreprise se structure alors autour d'un produit, d'un service ou d'une zone géographique. En « intégrant » la plupart des fonctions qu'elle confiait jadis à des organisations autonomes, l'entreprise moderne améliore ses mécanismes de coordination, de contrôle et d'allocation des ressources pour augmenter la productivité et la rentabilité. Les transactions coûtent moins cher entre les unités d'une même entreprise, on y accède plus facilement à l'information sur l'état des marchés et les prix, on peut utiliser plus efficacement les capacités de chacune des divisions, on peut faire des « économies d'échelle ».

Les conclusions de Chandler rejoignent celles de Ronald Coase lorsqu'il estime que la firme poursuivra son expansion jusqu'à ce que le coût d'une opération supplémentaire s'aligne sur celui du marché. « Faire » coûte souvent moins cher que « faire faire » [Coase, 1937, p. 341]. Oliver Williamson s'est inspiré de ces deux approches pour analyser l'intégration d'un nombre croissant d'activités au cœur même de l'organisation à partir de l'hypothèse de la réduction des *coûts de la transaction*. Si la hiérarchie se révèle souvent plus efficace que le marché, c'est surtout à cause de la tendance des agents économiques à « tricher » et de la difficulté, pour la firme, d'avoir une information complète sur les transactions. Selon Williamson [1975], plus celles-ci sont fréquentes, avec des résultats inconnus malgré une mobilisation maximale de temps et de capitaux, plus les firmes préfèrent s'en charger. Ces opérations sont « internalisées » pour faire face à l'imprévisibilité du marché. La gestion moderne est donc un pari consistant à rendre les hommes et leurs transactions prévisibles grâce à des mécanismes de contrôle et de régulation reconnus comme légitimes.

2. Les relations industrielles modernes

L'organisation scientifique et l'organisation bureaucratique du travail s'installent dans un paysage où la société industrielle moderne est en plein essor. Les sociologues en ont saisi l'originalité : c'est l'accès à l'emploi salarié qui permet de s'intégrer aux rapports sociaux pour devenir le principal facteur de « lien social ». En effet, l'emploi salarié est devenu la forme dominante de travail ainsi que le régulateur de l'accès aux ressources. Avec la généralisation du salariat naissent des conflits autour de la définition des critères de partage des ressources et des richesses créées. L'absentéisme, le taux élevé de rotation *(turnover)*, le faible degré d'adhésion aux objectifs de production fixés par la direction et le recours à la grève sont alors de plus en plus fréquents. Pour améliorer les relations industrielles, parallèlement aux méthodes de contrôle, les employeurs font des compromis ou bien tentent de légitimer leurs choix. Ils se tournent également vers les experts, qui « diagnostiquent » chez les salariés des comportements « irrationnels » : ils se penchent aussitôt sur les croyances et les perceptions des salariés pour les « rationaliser ».

La recherche de compromis

Taylor rêvait d'une société d'abondance à l'abri de la lutte des classes. Avec ses voitures Ford T et ses « *5 $ day* », c'est Henry Ford qui symbolisera la production et la consommation de masse. Afin de réduire le *turnover* très élevé et d'obtenir une paix industrielle durable, il lance sa fameuse politique de la journée de travail payée à 5 dollars, qui permet également aux ouvriers d'acheter leur propre Ford T.

• *Le « fordisme » érigé en modèle.* — L'expérience de Ford a inspiré de nombreux économistes dont ceux appartenant au *courant régulationniste* qui étudient les institutions et les stratégies destinées à assurer la viabilité à long terme de cette forme de production. Transposant l'expérience de Ford à leur analyse du niveau « macro », les régulationnistes l'ont conceptualisée comme le « compromis fordiste ». L'approche régulationniste, qui insiste sur l'articulation de l'économique, du social, du politique et de l'idéologique, attache une grande importance au cadre législatif et institutionnel. Robert Boyer [1981] résume cette idée en affirmant que certains types de structures et d'institutions sociales vont de pair avec un certain type de rapports sociaux. Lorsque les différents éléments entrent en contradiction, de nouvelles procédures de régulation (allant de pair avec de nouvelles formes de concurrence, de nouveaux types de rapport salarial et de nouvelles formes de comportements de consommation) et d'autres rapports sociaux se mettent progressivement en place.

Le fordisme s'inscrit dans un processus d'*accumulation intensive* avec un *rapport salarial monopoliste*, qui s'oppose au régime d'*accumulation extensive* du début du processus d'industrialisation. On s'appuyait alors sur la mise au travail des femmes et des enfants ainsi que sur des journées de travail très longues. L'emploi était instable, le contrat de travail, individuel, et le niveau du salaire très sensible aux modifications de la conjoncture et aux conditions locales. Le *rapport salarial* était de type *concurrentiel*. La consommation de masse n'étant pas à l'ordre du jour, les salaires étaient maintenus à un niveau faible.

• *La quête de cohérence.* — Le compromis fordiste s'accompagne d'une législation du travail octroyant aux salariés de nombreux droits (syndicalisme, négociations collectives, salaire minimal garanti, couverture sociale, etc.) pour leur permettre de défendre leur pouvoir d'achat et de se protéger contre les aléas de la vie tels que le chômage ou la maladie. La survie à long terme du mode de régulation ou du régime d'accumulation en vigueur dépend de l'harmonie entre les normes de production et les normes de consommation. Enfin, le contrat de travail épouse un caractère collectif. L'emploi est stable, les salaires sont indexés sur le coût de la vie et tiennent compte des gains de productivité. Ce « régime » va de pair avec l'essor de l'État-providence.

Situées dans un tel contexte social, les organisations cherchent de leur côté à imposer de nouvelles formes de contrôle et de récompense compatibles avec le « contrat social moderne ». Les salariés acceptent, dans les systèmes de rémunération, la référence à la formation ou aux titres et diplômes, au temps de travail, à la description et à la classification des postes pour l'évaluation des qualifications qu'ils nécessitent, et des salaires qu'ils justifient, dans la mesure où il s'agit de critères « universels » et, surtout, contrôlables. De même, ils admettent la division du travail et les différences salariales qui en résultent.

La garantie d'une carrière à évolution régulière grâce aux promotions internes facilite le consentement des salariés. En effet, la technologie et la production étant plutôt stables, l'expérience prime sur les connaissances nouvelles. L'organisation puise dans son « marché intérieur » pour recruter une partie de la hiérarchie, en essayant ainsi de fidéliser ses salariés [Doeringer et Piore, 1971]. Dans l'ensemble, les syndicats acceptent ce type de fonctionnement. Ils reconnaissent la légitimité de la définition des méthodes et des choix organisationnels et technologiques par la direction qui détient l'information et l'expertise. Leurs revendications se concentrent sur les taux salariaux de base, sur les cadences et sur les conditions de travail pénibles. Leur attention porte également sur la conformité aux accords et au règlement des décisions concernant les transferts d'un poste à l'autre et les critères d'évaluation et de promotion (sur les nouvelles stratégies, voir [Labbé et Landier, 2001]).

La contribution de la comptabilité à la modernisation

L'expansion de l'activité économique et l'interdépendance croissante entre des opérations et des transactions de plus en plus nombreuses ont conduit à une multiplication des partenaires dans les affaires. La standardisation des méthodes de calcul résout, en partie, le problème de confiance qui pourrait en résulter. En abordant des situations spécifiques et variées avec des critères, des règles et des principes universels qui les rendent comparables, la comptabilité permet la standardisation des calculs de performances, de coûts, de profits et de profitabilité. La comptabilité s'est modernisée en tendant vers plus de précision : progressivement, la part du jugement personnel du comptable et sa marge de manœuvre ont diminué ; les concepts et les modes de calcul utilisés en ont acquis un caractère de « vérité ».

Les entreprises modernes ont trouvé dans la comptabilité un moyen de contrôle efficace combinant l'orientation des stratégies et des décisions managériales et leur légitimation. Les techniques comptables transfèrent l'évaluation de l'efficacité du terrain conflictuel des relations « politiques » entre employeurs et employés au terrain « scientifique » d'un savoir produit par des experts [Miller et O'Leary, 1994]. Les directions des entreprises ont très vite saisi la légitimité que pouvaient leur conférer des chiffres obtenus par des méthodes de calcul transparentes : elles se sont servies de la comptabilité pour justifier leurs décisions.

Les relations industrielles médiatisées par la comptabilité

Durant les premières décennies du XXe siècle, les employeurs ont voulu instaurer des relations industrielles visant l'harmonie et la coopération, en s'appuyant sur des données comptables. Les tentatives de Hans Renold, un ingénieur suisse propriétaire, à Manchester, d'une compagnie portant son nom, et celles de son fils, C. G. Renold, en sont un bon exemple [Bougen, 1994]. Pendant la Première Guerre mondiale, l'entreprise Renold avait fabriqué des munitions. À la fin de la guerre, il lui fallait trouver de nouveaux contrats, renouveler les technologies et surtout, motiver les ouvriers. C. G. Renold a décidé de les informer sur les données comptables (prix de vente, profits, partage des bénéfices ou des bonus, le calcul de leurs marges, etc.) pour leur prouver que les modifications dans les méthodes de travail et de gestion ainsi que les réductions d'effectifs envisagées par la direction ne résultaient pas d'une décision arbitraire : elles s'imposaient par la comptabilité des coûts.

La direction avait introduit également un plan de partage des profits en vue d'encourager la productivité. La désignation du montant du surplus à distribuer a fait l'objet de controverses. Plutôt que de comptabiliser les « profits », la direction évoquait le « salaire du capital », en l'intégrant dans les dépenses effectuées pendant la période concernée. Ce qui lui permettait de les traiter de la même manière que « les salaires du travail », imposant ainsi l'idée d'une équivalence entre capital et travail. Les salariés estimaient, quant à eux, que ces calculs étaient loin d'être équitables. Auraient-ils compris que les critères et les définitions pertinents ainsi que les techniques d'évaluation et les calculs standard adoptés résultaient moins d'une « vérité comptable » que d'un ensemble de rapports de force, de négociations et de compromis entre les parties impliquées ?

La comptabilité continue à légitimer les choix managériaux et à guider les comportements des membres de l'organisation. Elle fournit un cadre pour l'action en fixant les valeurs standard et les objectifs à atteindre. Le « standard » sert de norme pour faire des prévisions de coûts unitaires, et facilite l'ajustement des ressources aux objectifs dans l'élaboration du budget. Les écarts permettent d'évaluer en termes monétaires les responsabilités individuelles pour toutes les fonctions et à tous les niveaux. Autrement dit, le budget et les coûts standard permettent de mettre en évidence les sources d'inefficacité (pour plus d'informations, voir [Burlaud et Simon, 1997, p. 37-43]).

Des études comparatives montrent que les stratégies managériales dépendent également de la nature des rapports entre l'État, les entreprises, les banques et autres institutions financières dont on souligne les interactions avec les systèmes de comptabilité. Le Japon et les États-Unis sont souvent présentés comme deux modèles opposés. Au Japon, où prévaut la « logique industrielle » avec une vision à long terme, les directions des firmes ont la réputation d'attacher une grande importance aux investissements destinés à améliorer la production. On relève la forte régulation des banques par l'État, qui contribue à faciliter le transfert des fonds vers les entreprises. Dans le cas américain, c'est la « logique financière » qui domine. Les banques américaines cherchent des retours rapides sur leurs prêts. Elles favorisent ainsi les établissements bien connus et solidement ancrés. Fusions, acquisitions, conglomérats sont indirectement encouragés par les institutions financières [Clegg, Higgins et Spybey, 1990].

Dans l'entreprise, les responsables des « centres de profit » sont également jugés selon le critère de maximisation des retours sur investissement, sur une base annuelle. Les directions locales des entreprises, qui subissent depuis les années quatre-vingt les pressions des prévisions budgétaires, des calculs de productivité et d'autres indicateurs de performance financière, réagissent en privilégiant le court terme, renoncent à de nombreux investissements stratégiques et réduisent les coûts salariaux, notamment par la baisse des effectifs. La comptabilité n'est donc pas une technique de calcul neutre. Elle fonctionne comme un moyen de contrôle. La

« mondialisation » poussant actuellement dans le sens d'une harmonisation des normes comptables, de nouveaux enjeux se dessinent. En effet, tout effort de normalisation internationale en vue d'une meilleure coordination-coopération est porteur de conflit. Le devenir des différents modèles comptables, les arrangements nationaux et les stratégies d'adaptation, aussi bien au niveau des entreprises qu'au niveau de la formation des comptables conformément aux changements dans la profession mobiliseront encore beaucoup d'énergie et créeront bien des sources de tension dans les années à venir.

Vers un contrôle total ?

L'organisation scientifique et bureaucratique a multiplié et perfectionné les moyens de contrôle direct et indirect, allant des politiques de recrutement aux méthodes d'organisation et de division du travail et aux formes d'utilisation de l'espace, en passant par la motivation des salariés.

• *L'utilisation de l'espace-temps.* — Le confinement des salariés à un espace surveillé reste l'aspect fondamental du contrôle dans l'organisation moderne. La technologie du travail à la chaîne dépend fortement de l'inscription d'activités synchronisées et coordonnées dans un espace défini. Le rapport au temps est également rigide. Le rythme du travail est souvent incorporé dans la technologie, qui constitue ainsi un moyen de contrôle supplémentaire. Au lien entre technologie et espace s'ajoute celui entre temps et espace de travail.

L'usine taylorisée a pu être comparée aux « institutions totales » (pour ce concept, voir [Goffman, 1968]) comme les monastères, les asiles psychiatriques ou les prisons, qui répriment tout besoin d'intimité et toute tentative de distinction, pour une meilleure surveillance. Selon ces comparaisons, en effectuant les mêmes gestes en même temps que le groupe des pairs, sous le regard des autres, les ouvriers sont confrontés à des phénomènes de dépersonnalisation ou de « désindividuation » (*cf.* également le chap. VI).

L'architecture intérieure de l'usine reflète l'exigence de contrôle. Pour que le salarié soit observable, il doit être visible. L'espace réservé aux surveillants est souvent surélevé pour leur permettre de voir l'ensemble de l'atelier. On affirme ainsi que, pour améliorer la surveillance des salariés, à l'électricité s'est ajoutée la chaîne d'assemblage qui immobilise l'ouvrier en déplaçant les objets vers lui. Qu'il s'agisse des ouvriers dans un atelier, ou des *pools* de dactylos, le fait de travailler suivant un rythme collectif dans un espace contrôlé et anonyme que l'on ne saurait s'approprier traduit l'absence de pouvoir et de statut. C'est pourquoi les cadres ont hésité à accepter le « bureau paysagé » qui a fait son apparition vers la fin des années soixante-dix.

L'utilisation de l'espace est loin d'être laissée au hasard, comme l'avaient déjà compris les anthropologues. L'espace organisationnel est également investi de significations sociales. L'emplacement des services et la répartition spatiale des bureaux visent à favoriser certains types d'interactions et à en décourager d'autres. L'architecture intérieure de l'organisation matérialise la nature des relations de travail ainsi que les hiérarchies et les rapports de pouvoir.

• *Formalisation du savoir/normalisation du salarié.* — L'organisation moderne a amélioré les mesures de l'efficacité et de la performance afin de les exprimer de manière standardisée. Dans un souci de comparaison et de contrôle, il a fallu formaliser et codifier les savoir-faire. Les salariés furent dépossédés alors de toute une partie de leur qualification : les connaissances tacites, qui ne sont pas mesurables et, par là même, ne font pas l'objet d'une rémunération. La reconnaissance du « savoir tacite » fait obstacle à la formalisation nécessaire à une mesure standardisée des performances. Pour évaluer les salariés, il était nécessaire de les rendre comparables, quitte à ignorer leurs particularités, leurs capacités relationnelles, leur aptitude à résoudre certains problèmes, qui ne sont guère quantifiables. Interviewée en 1996 par l'auteur dans un hôpital du Finistère, une infirmière critiquait les efforts de formalisation : « Il y a deux ans, dans le cadre des opérations visant à maîtriser les dépenses de santé, Rennes nous a envoyé un expert pour procéder à l'évaluation standard du travail. Sous prétexte d'améliorer nos outils de travail, on les mettait à plat. On a compris que ça se tournerait contre nous. À part les soins techniques, on ne peut pas tout mettre dans la feuille de planning. »

La production d'une « réalité » chiffrée et formalisée ou la fabrication des « normes » par l'expert réduit le pouvoir de l'ouvrier et de l'employé. Tous les aspects du travail et du comportement des salariés finissent par être observables et « lisibles » par les experts qui possèdent le monopole de la définition des critères, de la validation des moyens de mesure et de la manière dont ces chiffres doivent être interprétés. De sujet de connaissance, le salarié observé est transformé en objet à propos duquel les experts émettent des connaissances [Roy, 1996]. L'alliance entre ingénieurs et comptables s'est étendue à une troisième catégorie : les experts en psychologie industrielle [Miller et O'Leary, 1994]. Les néo-tayloriens membres de la Taylor Society ont soutenu certaines démarches de la psychologie industrielle et adhéré à ce que l'on a baptisé la « gestion du personnel » [Nelson, 1984, p. 59-61].

• *L'intervention de la psychologie industrielle.* — Sollicités pour lutter contre l'apathie et l'absence de motivation au travail, les psychologues industriels ont expliqué la baisse du niveau de production des ouvriers par leur incapacité à économiser leurs gestes et leurs efforts ou par l'insuffisance des temps de pause qui leur étaient accordés. S'ils ont insisté sur la « fatigue industrielle », c'est l'hypothèse d'un lien étroit entre l'environnement physique et la productivité qui a marqué les premières décennies du XXe siècle. En l'absence d'une vraie problématique, tous les paramètres de l'environnement ont été passés au peigne fin : la chaleur ambiante, l'éclairage, le degré d'humidité de l'air. Dans le cadre de cette méthode qui se voulait expérimentale, c'est surtout la variable « niveau d'éclairage » qui a retenu l'attention des experts poursuivant leurs observations empiriques.

Même Elton Mayo, qui plus tard fera figure de pionnier pour avoir reconnu le rôle crucial des « relations humaines », commence ses premières interventions en augmentant le niveau d'éclairage et en accordant des temps de pause (*cf.* encadré p. 42-43). Ses questions, ses solutions, sa compréhension de la « réalité » reflètent l'influence des idées et les modèles de pensée dominants de son époque.

La naissance de l'*école des relations humaines*

Les expériences de Mayo et de son équipe ont été conduites dans la seconde moitié des années vingt à l'usine Hawthorne de la Western Electric Co. à Chicago (où l'on fabriquait des équipements de téléphone pour la compagnie Bell). Pour tester l'hypothèse de l'influence de l'éclairage sur les performances, les chercheurs comparent les résultats d'un groupe expérimental comprenant six ouvrières installées dans la *relay assembly test room*, avec ceux du groupe de contrôle. La production augmente partout et la tendance à la hausse continue même lorsque l'on revient aux conditions initiales, voire même en dessous, au point que les ouvrières n'y voient pratiquement plus.

Les résultats des autres modifications introduites telles que l'attribution des primes de productivité et des temps de pause sont également loin d'être significatifs. Quelles que soient les variables introduites et leurs variations, les ouvrières continuent à améliorer leur productivité. Dans un autre département de la même usine, les chercheurs choisissent quatorze ouvriers qualifiés (chargés du délicat travail de la connexion des fils) pour étudier, dans la *bank wiring room,* leurs comportements au travail et leur niveau de production. Malgré les incitations salariales ces ouvriers n'atteignent pas le quota (*cf.* chap. IV).

Des résultats incompréhensibles, voire contradictoires, obligent les chercheurs à modifier leurs hypothèses de départ et à fournir de nouvelles interprétations des phénomènes observés [Mayo, 1946 ; Roethlisberger et Dickson, 1939]. Combinant différentes méthodes telles que l'observation, les interviews et les questionnaires, les chercheurs finissent par conclure à l'importance des relations de travail et des relations sociales au sein de l'organisation et notamment au sein du groupe d'appartenance (ou le *groupe primaire de travail*).

Les éléments explicatifs proposés par l'équipe de Mayo se sont progressivement imposés dans les milieux sociologiques. Selon leurs interprétations, l'attention dont elles étaient l'objet rendait leur travail plus intéressant et moins routinier aux yeux des ouvrières ; le fait d'être consultées sur différentes questions était très valorisant ; les discussions et la concertation nécessitées par l'expérience autour des sujets tels que le choix des temps de pause augmentaient leur « conscience de groupe » ; la substitution de l'observation de leur travail par des universitaires à sa surveillance par un contremaître autoritaire avait des effets bénéfiques sur leur motivation.

D'importantes faiblesses méthodologiques ont été relevées par la suite dans le déroulement de ces expériences. Le choix des échantillons, la définition et l'utilisation du groupe de contrôle, le calcul des variations de productivité ainsi que la transcription sélective (donc biaisée) des données ont été mis en cause. On a également rappelé que deux ouvrières du groupe avaient été remplacées, en cours d'expérience, par d'autres, qui, tenant à leurs primes, entraînaient les autres. De même, les chercheurs n'avaient pas tenu compte des changements que pouvait causer l'entrée du pays en dépression économique. On pourrait ainsi multiplier les exemples de négligence.

Après toutes les spéculations qu'elles ont suscitées, ces expériences restent très controversées. Les expériences de Hawthorne ont été qualifiées de « mythe », le « mythe organisationnel le plus influent des temps modernes » [Warner, 1984]. Mais si leurs méthodes manquaient de rigueur, les conclusions de Roethlisberger et de Dickson relevaient du « bon sens » : leurs travaux ont rappelé aux managers l'influence des pressions du groupe sur le niveau de production de l'individu. Taylor le savait déjà, puisque tout son système était une réponse à ce « problème ». Contrairement à ce que l'on dit souvent, à Hawthorne, ce ne sont pas les relations humaines que l'on a découvertes, mais le fait que l'organisation scientifique n'avait pas réussi à les éliminer. Il ne restait plus qu'à les analyser et à comprendre leur nature pour mieux contrôler les réactions des salariés et les rendre plus efficaces.

La psychologie industrielle a continué à affiner l'analyse des comportements au travail et l'interprétation des réactions ouvrières face aux méthodes d'émulation utilisées. L'évaluation des performances a constitué un mécanisme de contrôle indirect des salariés. Avec l'affichage des données concernant la production de chaque individu, la comparaison risque de prendre la forme d'un défi. Peuvent s'y ajouter diverses méthodes d'encouragement : publicité faite à la victoire d'une équipe sur les autres, distribution de petits cadeaux, privilèges temporaires (affichage de la photo du meilleur employé, attribution d'une place de parking). Le salarié est ainsi incité à repousser ses propres limites, défier le temps, maîtriser la situation, être le meilleur, devenir visible, être récompensé, donner un but à son travail... Taylor voulait contrôler le corps à travers la technologie standardisée et la définition détaillée des gestes par unité de temps. En ajoutant le contrôle de la psyché à celui du corps, la psychologie industrielle a contribué à l'amélioration des méthodes de management.

• *Le choix de la main-d'œuvre et des sites.* — Les entrepreneurs de la transition avaient déjà utilisé cette stratégie. Mais la division du travail et la spécialisation modernes permettaient aux experts de définir des politiques de recrutement et des stratégies d'encadrement encore plus adaptées, en mettant en évidence les caractéristiques des différentes catégories de salariés. Pour chaque type de tâche les employeurs ont pu recruter la main-d'œuvre la plus adéquate, aussi bien dans l'industrie que dans les services. Ainsi a-t-on « découvert », dans les usines taylorisées, que les femmes étaient plus patientes pour les gestes les plus simples et pour les séquences de travail les plus courtes, supportant donc mieux la monotonie et la répétitivité. On leur a attribué une plus grande dextérité manuelle pour exécuter avec soin les tâches les plus délicates. On a vu là des « qualités féminines », « naturelles », allant de pair avec leurs responsabilités maternelles et familiales qui expliquaient la discontinuité de leur vie professionnelle. La formation et les promotions restaient l'apanage des hommes, l'organisation du travail reposant ainsi sur une division sexuelle qui, comme les autres dimensions de la division du travail, reflétait en partie les hiérarchies sociales et les rapports sociaux en vigueur.

Les théoriciens de la *structure duelle du marché du travail* ont souligné, à ce propos, la coexistence d'un *premier marché* offrant des emplois qualifiés et bien payés et d'un *marché secondaire* offrant des emplois peu qualifiés et mal rémunérés dans les secteurs non compétitifs. On trouverait dans celui-ci des populations ayant d'autres lieux d'appartenance sociale et d'autres intérêts en dehors du travail (femmes, jeunes, paysans, travailleurs immigrés) et qui acceptent des conditions de travail beaucoup moins intéressantes [Piore, 1972], ce qui facilite le contrôle managérial.

Les secteurs d'activité offrant des tâches sans intérêt et des conditions de travail pénibles ont pu installer des établissements dans des zones rurales caractérisées par une économie fragile et l'absence d'autres emplois. Le choix de tels sites où tout le monde se connaît, où les attaches familiales, les amitiés et les liens communautaires sont suffisamment forts pour stabiliser les ouvriers et où le niveau d'instruction est relativement faible vise à réduire le risque de conflits. C'est la vie sociale hors travail qui détermine les comportements à l'usine et le rapport au travail (voir aussi [Goldthorpe *et al.*, 1968]). Pour améliorer les relations industrielles, les politiques de recrutement comme la gestion du personnel tiennent toujours compte des spécificités des différentes catégories de main-d'œuvre.

III / Tentatives de dépassement de l'organisation bureaucratique-taylorienne

Jadis « modèle indéniable d'efficacité », l'organisation bureaucratique et taylorienne a été décrétée « rigide » à partir des années soixante-dix. La question s'est posée au moment où les besoins des entreprises face à de nouvelles contraintes rencontraient les analyses des experts en organisation et rejoignaient, en partie, les aspirations des « nouveaux salariés ». L'essor des thèmes du partenariat, de la coopération, de la participation, de la communication et de la « culture d'entreprise » accompagne les nouvelles stratégies managériales expérimentées depuis les années quatre-vingt.

1. Nouvelles donnes, nouvelles stratégies organisationnelles

Dans le secteur industriel, avec le remplacement de la mécanique par l'informatique, les ateliers de production se peuplent de machines-outils à commandes numériques contrôlées par ordinateur (MOCN), de techniques de production et de conception assistées par ordinateur (CAO) et de robots. L'image de « l'usine bureau » (propre, ordonnée, peu bruyante, demandant moins de travail manuel et de force musculaire, multipliant les gadgets ergonomiques tels que des plans de travail circulaires et inclinables, des transporteurs automatiques, des robots intelligents) remplace progressivement celle du « bureau-usine ». De nouvelles formules d'organisation et de division du travail sont expérimentées parallèlement à l'apparition de nouveaux besoins.

Le diagnostic des besoins

Les pays industrialisés se spécialisent de plus en plus dans les secteurs *high-tech* et les produits de haut de gamme, où la compétitivité est assurée non pas par des économies d'échelle mais par la différenciation des produits, l'omniprésence de la qualité, la logistique améliorée [Fiore, 2001 ; Perret et Jaffeux, 2002], la livraison rapide grâce à l'optimisation de la gestion du temps (« réactivité ») et le « souci du client ». Afin de tenir compte des spécificités des différents groupes de consommateurs, les entreprises optent pour la « segmentation des marchés ». Les nouvelles technologies, qui permettent des changements rapides des lignes de produits, notamment grâce au contrôle numérique par ordinateur (ou CNC, en anglais), sont sollicitées pour augmenter la variété, malgré un volume de production réduit pour chaque type d'article. L'innovation technologique assure donc une bonne partie de la « flexibilité » nécessaire pour répondre aux contraintes des « marchés volatiles » et aux attentes des « nouveaux consommateurs », plus exigeants en matière de qualité. Des innovations organisationnelles et juridiques de type volontariste sont recherchées pour assurer la flexibilité « numérique » (qui permet une adaptation rapide des effectifs aux besoins changeants). La flexibilité « fonctionnelle » (pour une utilisation plus efficace des effectifs en assouplissant la division du travail) est également revendiquée pour « gérer l'incertitude » et le changement.

Avec la généralisation de l'éducation, les salariés ont développé, de leur côté, de nouvelles capacités et de nouvelles aspirations. Selon les experts, l'organisation bureaucratique et taylorienne, avec sa division du travail, sa structure et son fonctionnement rigides, ne pouvait plus convenir à ceux qu'ils appellent désormais des « ressources humaines ». Ils dénoncent, dans cette forme d'organisation, le confinement des salariés à des postes avec des tâches routinières prédéfinies, qui conduit à l'incapacité à résoudre des problèmes nouveaux et à des relations conflictuelles entre différentes unités. Ils insistent sur le manque d'intégration des fonctions, qui provoque des doubles emplois. Ils mettent en évidence les lourdeurs et la perte de temps causées par le respect des canaux officiels de communication ainsi que par la transmission verticale de l'information.

Les spécialistes du travail estiment que les nouvelles technologies et les nouvelles stratégies organisationnelles doivent permettre de faciliter l'accès de tous à l'information, recomposer les tâches jusque-là parcellisées et redistribuer les responsabilités pour atténuer la hiérarchie. De même, les experts en management invitent le salarié à fixer ses propres objectifs [Drucker, 1993]. Ils l'encouragent à conduire ses « affaires » comme un entrepreneur [Pinchot et Pinchot, 1994, p. 5].

Pour penser « à l'échelle globale » et agir « au niveau local », pour produire des articles quasiment sur mesure tout en réduisant les délais et en supprimant stocks et inventaires, les entreprises recourent à une multitude de pratiques. En matière d'organisation et de division du travail, les formes héritées du passé et les formes les plus aliénantes coexistent désormais avec des expériences presque futuristes. Les observateurs des transformations organisationnelles attirent l'attention sur la prolifération de nouvelles formes de management : « par objectifs », « participatif », « culturel ». Les organisations deviendraient « adhocratiques », « technocratiques », « matricielles », « intelligentes », « intrapreneuriales », « apprenantes », « fédéralistes », « sans-frontières », les firmes opérant en « faisceaux » (*clusters*), en « chaînes », en « réseaux » ou comme « hypertexte » [Mintzberg, 1979 ; Nohria et Gulati, 1994, p. 546 ; Nonaka, Takeuchi et Takeuchi, 1995].

Entre marchés et réseaux

L'organisation se transforme, d'après ses observateurs, en un groupement d'unités d'affaires. Les groupes fonctionnels sont appelés à se comporter en « vendeurs » : si le « prix » de leurs produits ou services est plus cher qu'ailleurs, leurs « clients internes » opteront pour la sous-traitance. Les nouvelles stratégies organisationnelles conduisent à réduire la taille des firmes. Celles-ci « externalisent » désormais un nombre croissant d'opérations qui n'appartiennent pas au cœur même de leurs activités, pour se recentrer sur leur « métier de base ». Si elles s'en remettent au « marché », elles n'en développent pas moins des « réseaux » dans une conjoncture instable où le rythme de l'innovation réduit le « cycle de vie » des produits. Entre le recours au « marché » *ou* à la « hiérarchie » il existerait donc une solution intermédiaire : le « clan ». Les observateurs affirment que le « contrat relationnel » (*relational contracting*), le partenariat entre dirigeants d'entreprise ou entre firmes mobilisant une culture de

Quelques exemples de stratégies

Certains secteurs recourent plus souvent que d'autres aux réseaux. C'est le cas de la biotechnologie qui suppose recherche fondamentale et appliquée, réalisation de tests cliniques, maîtrise des procédés de fabrication, connaissance des circuits de vente et de distribution et familiarisation avec la réglementation juridique. Une seule organisation ne saurait regrouper la totalité de ces compétences. D'où la collaboration entre, d'une part, les petites firmes biotechnologiques, les universités et les centres de recherche pour ce qui est de l'innovation et, d'autre part, les grands groupes pharmaceutiques, pour le reste. Cette collaboration peut prendre différentes formes, allant des conventions de recherche et des licences aux *joint-ventures*, en passant par toutes les autres formes possibles de partenariat [Powell, Koput et Smith-Doerr, 1996]. Lorsque des projets dépassent le cadre des savoir-faire d'une entreprise, peut également se mettre en place, autour d'un besoin précis, une organisation constituée par un regroupement d'acteurs issus d'organismes divers : collectivités, administrations, centres de recherche et universités. Du fait de la nature passagère du type de coopération qu'elle implique, cette formule a été baptisée « entreprise virtuelle » [Nohria et Berkley, 1994].

Les entreprises ont également recours à la production modulaire, en dispersant les segments ou modules du procès de production, afin de maximiser les avantages offerts par différents sites en matière de législation du travail, de profil de la main-d'œuvre, de technologies et d'organisation du travail. De grandes entreprises tissent des relations de partenariat avec des PME/PMI (petites et moyennes entreprises et industries) qui gèrent mieux certaines innovations technologiques ; des firmes américaines *high-tech* débutantes ou des firmes italiennes de type artisanal, au lieu de s'agrandir, préfèrent compter sur des réseaux pour assurer leur croissance ; des grappes de plusieurs PME se spécialisant chacune dans une phase particulière d'un même cycle de production. Dès lors, les relations avec les autres deviennent plus cruciales que les phénomènes internes [Clegg, Hardy et Nord, éds., 1996, p. 9]. Ces formules assouplissent ou déplacent en permanence les « frontières » entre les organisations, mais aussi à l'intérieur de celles-ci.

« clan » pourraient contribuer à la compétitivité en instaurant des relations de confiance et en réduisant l'incertitude [Ouchi, 1980 ; Williamson, 1985].

Grâce à ces formules, les entreprises pourraient gérer de manière plus efficace leur dépendance à l'égard des ressources spécifiques à leur activité, pour emprunter le vocabulaire de l'approche de la *resource dependence* selon laquelle l'organisation développe des liens forts avec d'autres organisations dont elle dépend étroitement, ses frontières étant tracées par les limites de son champ d'activité et de compétences [Pfeffer et Salancik, 1978]. Les entreprises cherchent à se rapprocher des clients, des fournisseurs, des consultants, des universités, des centres de recherche, voire des organisations concurrentes, en vue d'une circulation rapide de l'information et des savoir-faire, d'un approvisionnement plus facile, d'une mise en commun des ressources et des compétences et d'une consolidation des alliances [Castells, 1998 ; Powell, 1991]. Au slogan « Fabrique ou achète » s'ajoute un appel : « Collabore/coopère ! »

L'essor rapide des procédures de certification de la qualité, dont celles de type ISO 9000 (qui créent des fonctions nouvelles, de type « qualiticien », au sein de l'entreprise), s'explique également par cette tendance. Le contrôle auquel était soumis le fournisseur est déplacé du produit qu'il livre aux procédés de fabrication et de conception qui sont à la base même du produit. La standardisation des éléments communs permet aux firmes travaillant en réseau et partageant des infrastructures de faciliter les innovations successives [Segrestin, 1997].

Le déplacement des frontières

En rupture avec la forme bureaucratique et taylorienne, les entreprises s'organisent de plus en plus en équipes qui se composent au cas par cas en fonction des connaissances et des expertises exigées par chaque projet. Cette forme organisationnelle, baptisée « matricielle », est hybride : il y existe toujours une départementalisation fonctionnelle — marketing (ou mercatique), finances, service du personnel, production. Pour le développement d'un nouveau produit, le chef de groupe ou de projet qui coordonne l'opération doit s'arranger avec les responsables des départements fonctionnels pour obtenir les spécialistes dont il a besoin. Des conflits peuvent surgir du fait du double commandement par le chef de projet et le chef de service, mais lorsqu'un projet est achevé, chacun retourne à son unité d'origine [Banner et Gagné, 1995]. Les entreprises recourent également à l'image d'« îlots », qui se réfère à une organisation et à une division du travail autour du développement d'un produit précis réunissant tous ceux qui sont concernés. Chaque îlot fonctionne comme un centre de profit.

• *Allégement ou disparition des structures ?* — Dans ces formules, aux tâches simples définies de manière détaillée succèdent des « missions » ou des « projets » menés par des équipes responsabilisées où les échanges et les arrangements informels pour la résolution des problèmes sont censés l'emporter sur la formalisation. Le concept de structure organisationnelle, central durant les premières décennies du développement des études sur l'organisation, perd donc progressivement sa pertinence pour céder la place à l'action et aux interactions des salariés.

L'espace et son utilisation sont également redéfinis. Avec le développement des nouvelles technologies de la communication et de l'information et les ordinateurs portables, les cadres peuvent façonner l'espace au gré de leurs besoins quotidiens. Ils peuvent également bénéficier de formules de type *hoteling* en réservant leur bureau pour la journée, lorsqu'ils ne sont pas en déplacement. Les termes de « bureau juste à temps » et de « bureau virtuel » font également partie, désormais, du vocabulaire organisationnel. Les besoins en espace se réduisent donc à la fois dans le domaine de la production, où règne la mode des petites séries, du juste-à-temps et du flux tendu, et dans celui des services.

De plus en plus, l'image qui l'emporte dans la littérature est celle d'une organisation aplanie, non seulement du fait de ces nouvelles formules et de la diminution du nombre des opérations qui y étaient assurées, mais aussi par la disparition des couches intermédiaires. L'informatisation aurait facilité ce processus. Les premiers systèmes informatiques suivaient la logique hiérarchique : programmes, architecture, logiciels traduisaient l'exigence de centralisation et de contrôle. Par la suite, en abolissant les contraintes du temps et de l'espace, en introduisant des banques de données modulables, en développant le courrier électronique (qui pourrait assouplir les usages liés aux différences de statut), ces mêmes technologies réduisaient progressivement les besoins en coordination et en diffusion de l'information, permettant une communication moins verticale. La rétention d'information deviendrait ainsi plus difficile et la centralisation apparaîtrait de plus en plus comme un choix délibéré de la part de ceux qui détiennent le pouvoir [Nohria et Berkley, 1994].

• *La redéfinition de la division du travail.* — La réduction de la taille des organisations et de la pyramide hiérarchique va de pair avec une redéfinition de la division du travail. Si le principe de la spécialisation poussée était érigé en culte par les premiers organisateurs en quête d'efficacité, la division (sexuelle, organisationnelle, sociale et internationale) du travail est critiquée depuis les années soixante-dix où de nombreuses catégories d'acteurs l'ont accusée d'être un moyen de domination. Pour des rapports plus équilibrés et plus équitables entre les nations, les « pays en développement » revendiquaient alors un « nouvel ordre économique mondial ». Les femmes attiraient l'attention sur les interactions entre leurs fonctions productives et reproductives pour dénoncer la place qui leur est réservée dans le monde du travail, tandis que les salariés souhaitaient une organisation plus démocratique qui les ferait participer davantage. La critique de la division taylorienne et bureaucratique du travail a également mobilisé des spécialistes du management qui préconisaient l'organisation du travail à partir de groupes composés d'individus responsabilisés, capables de prendre des initiatives et de coopérer. La participation est définie alors à la fois comme l'implication de l'individu dans le travail d'équipe et comme la contribution des différentes équipes à la résolution des problèmes organisationnels. Ces équipes fonctionneraient comme des « groupes semi-autonomes », avec des salariés « polyvalents » mobilisant des compétences multiples.

Depuis les années quatre-vingt-dix, les débats sur des relations plus équitables, un meilleur partage des responsabilités et le thème de la participation se poursuivent à différents niveaux, en incluant de nouvelles préoccupations et en mobilisant de nouveaux concepts, dont celui de la *corporate governance*. C'est d'abord la question du poids des actionnaires qui a animé les discussions sur ce concept dont on a proposé deux traductions françaises : gouvernement d'entreprise et gouvernance. Ces thèmes se retrouvent à la croisée d'interrogations concernant l'évolution de la structure financière de l'entreprise et celle des systèmes de financement, une utilisation plus efficace des ressources et la quête de compromis plus acceptables entre les parties prenantes aux intérêts divergents. Les *media* utilisent ces deux termes de manière interchangeable, comme le font d'ailleurs des professionnels et des universitaires, même si, en fonction de leurs spécialités, ils ne leur attribuent pas forcément le même sens. Pour certains, le concept de gouvernance englobe celui de gouvernement d'entreprise, dans la mesure où il impliquerait la prise en considération des intérêts de l'ensemble des *stakeholders* (c'est-à-dire les parties prenantes, les *shareholders* étant les actionnaires). Dans d'autres milieux, les deux appellations renvoient à des usages distincts. Le gouvernement d'entreprise revient plus facilement pour discuter de questions telles que le contrôle des décisions des dirigeants, le recours à différentes formes de régulation, une demande de transparence et de diffusion de l'information afin de rassurer les investisseurs internationaux ou de protéger les actionnaires minoritaires, voire l'ensemble des parties prenantes, et pour atténuer les effets d'un libéralisme sans limites. Apparemment plus politisé, le concept de gouvernance est plus souvent employé pour se référer au changement de la nature des relations entre les parties intéressées, aussi bien au niveau des relations internationales qu'au niveau des relations entre l'État et la société civile ou les collectivités territoriales, sans oublier le niveau organisationnel, en termes de relations entre les dirigeants, les salariés et les autres parties prenantes. Les mots clés sont alors participation et partenariat, qui sont mieux acceptés qu'une approche en termes d'inégalité de pouvoir et de dirigisme (sur ces termes et leur utilisation, voir, entre autres : [Beffa, 2002 ; Boutillier *et al.*, 2002 ; Draï, 2002 ; Jacquet *et al.*, 2002 ; Janssen et Braconnier, 2002 ; Keister, 2002 ; OCDE, 2002]). Dans les deux cas, les analystes optimistes espèrent la victoire de la dimension éthique. Quel que soit le niveau d'analyse, les effets sur les rapports de pouvoir ainsi que sur les stratégies et le fonctionnement des organisations de tous types sont évidents. La théorie organisationnelle trouve ainsi de nouveaux sujets d'investigation.

2. Les relations industrielles dans un paysage éclaté : un « management culturel et participatif »

Le passage de l'analyse du contrôle des individus isolés à celle de la gestion d'un groupe d'individus est une idée qui avait germé depuis les études menées à Hawthorne. Les chercheurs de l'Institut Tavistock des relations humaines à Londres avaient conclu, dans les années cinquante, à l'efficacité des groupes semi-autonomes (*cf.* chap. IV). Plus tard, ces chercheurs joueront également un rôle important dans le mouvement de la « qualité de la vie au travail » (*quality of working life*). L'intérêt pour cet aspect s'évanouira rapidement pour céder la place aux débats sur l'efficacité du « management culturel », qui marqueront les années quatre-vingt. Ces débats accompagnent l'émergence de nouvelles techniques de contrôle et de nouvelles manières de gérer les relations de travail.

Premières tentatives de réorganisation du travail

Dans les années soixante-dix, les thèmes de la *participation* et de la *démocratisation du lieu de travail* prévalent aussi bien dans les sphères syndicales que dans quelques milieux intellectuels et universitaires. La nécessité de *transformer le travail* et de l'*humaniser* est soulevée. Il s'agit d'un renversement de stratégie complet par rapport à l'organisation taylorisée qui vise à adapter l'homme à un travail prédéfini. Ce mouvement cherche plutôt à *adapter le travail à l'homme*. Les premières réflexions sur les relations industrielles supposaient que l'homme, par nature, cherchait à en faire le moins possible, quitte à tricher. Et voilà que, de « contrainte », le travail devient un moyen d'épanouissement et de réalisation pour l'individu, comme l'avaient déjà suggéré les théories des besoins et de la motivation [Maslow, 1954]. Mais c'est moins la nature humaine qui a changé depuis le temps de Taylor, que

De « l'enrichissement du travail » au « modèle japonais »

L'industrie automobile, pionnière dans le passage à la production de masse, a aussi été la première à adopter les nouvelles formes d'organisation et de division du travail expérimentées dès les années soixante-dix. Volvo, avec ses différents sites, dont Uddevalla (d'où l'« uddevalisme », qui serait une sorte de « post-fordisme »), venait en tête. Toujours en Suède, vers la fin des années soixante-dix, des lois sur l'environnement du travail sont votées. Durant la même période, la Norvège et le Danemark mettent également en place des expériences allant dans le sens de l'enrichissement du travail. En Allemagne, conformément au programme gouvernemental visant à humaniser le travail, des entreprises modifient l'organisation et la division du travail sur les conseils de groupes composés souvent d'ergonomes, de sociologues et d'ingénieurs [Klein et Eason, 1992].

Dans les assurances françaises, la standardisation de la préparation des contrats ayant accompagné l'informatisation, le contenu du travail, notamment pour le rédacteur, s'était appauvri. Des tâches répétitives et codifiées résultaient de l'informatique centralisée. Quelques compagnies se sont lancées alors dans l'enrichissement du travail, en cherchant à obtenir la polyvalence des employés et l'assouplissement de l'organisation du travail [Verdier, 1984]. Aux États-Unis, l'intérêt pour le thème s'est concrétisé par la publication, en 1972, d'un rapport officiel (*Work in America* préparé par le département de la Santé, de l'Éducation et des Affaires sociales — HEW). Selon une étude récente portant sur 694 entreprises manufacturières américaines, plus d'un tiers ont adopté les équipes de travail, la rotation des tâches, les cercles de qualité et les groupes de résolution des problèmes [Osterman, 1994].

Dans les années quatre-vingt, le discours sur l'organisation a glissé des enseignements de Tavistock à l'expérience japonaise, incarnée par Toyota (d'où le « toyotisme », dont on parle également comme forme « post-fordiste »). L'entreprise japonaise focalise l'attention des managers, consultants et chercheurs, à commencer par ceux du Massachusetts Institute of Technology (MIT). La consultation des salariés, la recherche de consensus, la complémentarité entre formation de base et formation dans l'entreprise sont avancées comme des éléments du style de management nippon, grâce auquel les entreprises japonaises réussiraient mieux que les entreprises américaines et européennes, berceaux de la rationalité et de l'organisation scientifique.

À travers des concepts tels que la « production en flux tendu » (*lean production,* avec « zéro stock »), la qualité totale (ou « zéro défaut »), les cercles de qualité, le juste-à-temps (*just in time* ou JIT), qui permettent de réduire les « stocks tampons » (*buffer stocks*), les chercheurs occidentaux analysent les raisons du succès japonais. Ils affirment que ces méthodes permettent de combiner les avantages d'une production artisanale avec ceux de la production de masse, en évitant les coûts élevés de la première et la rigidité de la seconde ([Womack, Jones et Roos, 1990, p. 13 ; voir également [Piore et Sabel, 1984] sur la « spécialisation flexible »). Les concepts, les hypothèses de travail et les outils d'analyse antérieurement appliqués se révélant insuffisants pour rendre compte des transformations en cours, les experts occidentaux se sont empressés d'ériger l'expérience japonaise en « modèle ». Au modèle plus participatif observé au Japon (« J ») est alors opposé le modèle américain (« A » ou « H », comme hiérarchie) où les décisions sont plus centralisées [Aoki, 1990].

les idées sur la place et la signification du travail. On inscrit à l'ordre du jour son *enrichissement* par le biais de la redéfinition du travail (*job redesign*), de la recomposition des tâches, du travail d'équipe et de la polyvalence.

L'« enrichissement » suppose une combinaison d'opérations différentes : préparation du matériel, maintenance des machines, inspection et contrôle de qualité, contact avec d'autres départements, communication avec les partenaires immédiats. Il va de pair avec la responsabilisation des salariés, à qui on laisse davantage d'autonomie et un contrôle plus important sur leur travail (ces aspects se retrouvent dans le concept d'*empowerment* qui fait partie du vocabulaire managérial depuis les années quatre-vingt). Pour l'entreprise, cette redéfinition de l'organisation et de la division du travail présente également de nombreux avantages : amélioration de la planification du travail, de la communication et de la coopération ; réduction des coûts de la coordination, de la supervision et du contrôle de qualité ; adaptation aux variations de la production et aux besoins changeants en effectifs.

Culture et communication dans les stratégies managériales

Innovations et changements accélérés, stratégies de diversification des produits, structures éphémères, contours perméables dans un paysage global créé par la dynamique même des interactions des organisations empêchent salariés et consommateurs de se repérer, tant les pistes sont brouillées en permanence. Pour donner un sentiment d'appartenance à ses membres et une image lisible et cohérente de ses activités à ses clients, le management accorde de plus en plus de place au langage des signes et symboles, aux moyens d'expression et de communication de l'identité de l'entreprise et de ses produits.

• *Redonner un sens.* — Dans le but de guider le consommateur, le *design* apparaît désormais comme une démarche globale destinée à donner cohérence à l'ensemble des dimensions de l'entreprise, depuis les données techniques et matérielles jusqu'aux représentations et aux images [Borja de Mozota, 2001]. Dans les années quatre-vingt-dix, une nouvelle figure, celle du *designer* industriel, remplace celle de l'« esthéticien industriel », pour empiéter sur une partie du domaine réservé aux ingénieurs de conception, dont le pouvoir était déjà rogné par les directions du marketing. Celles-ci ne sont pas épargnées non plus par la concurrence du *designer*, qui est censé proposer un sens et le communiquer aux consommateurs.

Les stratégies de gestion ont également comme objectif de guider les salariés. L'éloignement des noyaux de décision et l'éparpillement des activités qui l'accompagne, la dispersion des salariés découlant des nouvelles formes d'emploi et de la multiplication des statuts et des types de contrat créent des contextes peu « lisibles ». Pour faire face à cette situation, le management déborde les fonctions administratives, techniques et politiques, pour devenir un « management du sens ». La direction propose aux salariés une interprétation des processus en cours pour donner une intelligibilité à ses objectifs et stratégies. Elle oriente la perception des salariés [Kunda, 1992, p. 8], elle leur fournit les questions et les concepts à partir desquels les situations seront interrogées, analysées et maîtrisées. C'est dans un tel contexte que se développe l'éloge de la « culture d'entreprise » [Alvesson, 2002].

Depuis les années quatre-vingt, gourous du management et consultants sont devenus les théoriciens de la « culture d'entreprise ». Séminaires et réunions de travail, stages, techniques de communication modernes sont mobilisés à cet effet. Ces démarches ont été comparées à des mythes de création ou à des rituels d'initiation, autant de processus de socialisation au sein d'organisations soudées autour d'un « grand prêtre » qui doit inculquer l'esprit de groupe et de sacrifice et chasser les esprits non conformes. C'est ainsi qu'aux informations fonctionnelles s'ajoutent souvent les conseils et les encouragements du « héros fondateur » qui représente l'histoire de l'entreprise et sa « mémoire collective » [Deal et Kennedy, 1982].

Dans les pays occidentaux, le management culturel a d'abord été adopté comme une stratégie de défense : faire face à l'adversaire en se servant de ses armes, à partir de tentatives de nipponisation des styles de management. Lorsqu'ils prophétisaient la généralisation de la société et de la culture industrielles pour proposer leur *thèse de la convergence*, Clark, Kerr et leurs collègues avaient-ils envisagé que le mouvement se ferait dans ce sens-là ? [Kerr *et al.*, 1960.] Bien des éléments qui avaient été jugés irrationnels ou inefficaces par des générations d'experts sont désormais devenus les bouées de sauvetage de l'entreprise en train de redéfinir ses relations de travail. Enfin, le rôle des cultures nationales étant reconnu, le thème de « management interculturel » continue de mobiliser formations et production de connaissances destinées aux managers [d'Iribarne *et al.*, 1998 ; Dupriez et Simons, 2002 ; Thery, 2002].

• *Partager le sens.* — « Culture d'entreprise » et « management participatif » apparaissent comme des moyens pour améliorer les relations de travail que la victoire du modèle du marché au sein de l'organisation a bien fragilisées. La « culture d'entreprise » est comparée au « ciment » qui fait tenir ensemble des mondes mouvants, des activités disparates et des salariés hétérogènes. Elle sert également de « boussole » indiquant la direction à suivre pour aller dans le sens de l'intérêt collectif. Elle fournit aux salariés un schéma de référence commun et des « cartes cognitives » pour aboutir à un partage du sens. Cette définition collective des événements est perçue non seulement comme un facteur de stabilité, mais surtout comme un moyen de rendre les comportements des salariés plus prévisibles. Elle est censée assurer cohésion et efficacité et inciter les membres de l'organisation à se comporter comme un clan [Wilkins et Ouchi, 1983].

Avec l'évolution des rapports sociaux et l'augmentation du nombre des salariés diplômés, les stratégies de contrôle se font moins autoritaires. Le management se conçoit davantage comme celui des idées et des cerveaux (*mindpower*) que de la force de travail (*manpower*) [Alvesson et Berg, 1992, p. 158]. En encourageant l'autonomie, l'investissement et l'effort personnels, le « management culturel et participatif » réduit les besoins en appareils de contrôle répressifs. Qu'elle soit définie comme un « ensemble d'idées, de valeurs et de croyances partagées » ou comme un « guide désignant les méthodes habituelles de résolution des problèmes et de prise des décisions », la culture sert de mécanisme de contrôle diffus et quasi invisible [Pfeffer, 1997, p. 123 et 125].

L'intériorisation d'hypothèses, de croyances et de manières d'interpréter et de résoudre les problèmes permet également de réduire l'incertitude résultant de la multiplication des choix et facilite la communication, la collaboration et la coopération. Opérateurs, ingénieurs, responsables de production ou de marketing, juristes, comptables, scientifiques chargés de la recherche-développement (R & D) sont appelés à intérioriser les mêmes normes et critères, à partager les mêmes convictions et objectifs en adhérant aux « vérités » du management.

Comme principe d'organisation, la « culture d'entreprise » semble se substituer à la structure stable ainsi qu'aux règlements et procédures détaillés du modèle bureaucratique-hiérarchisé. Fonctions et responsabilités n'étant pas toujours clairement définies, les salariés sont appelés à s'identifier non plus à un groupe de métier ou à un poste, mais directement à l'entreprise et à ses objectifs.

• *Définir les nouvelles compétences.* — Lorsque le contrat social moderne cède la place à la « gestion de l'incertitude et du court terme » à tous les niveaux, les rôles et fonctions organisationnels sont repensés et les modalités de contribution des salariés et les formes de leur évaluation sont redéfinies. L'évolution du profil du manager est fréquemment soulignée. La figure bureaucratique s'inscrivant dans des relations de travail neutres et impersonnelles n'est plus de mise. Les nouveaux discours encouragent une figure charismatique capable de réunir les siens autour d'un projet, de constituer des réseaux et des alliances, de négocier avec d'autres institutions et organisations. À l'interface d'organisations aux murs perméables, son rôle, hier tourné surtout vers l'intérieur, comprend de plus en plus le management des frontières (on parle alors de *boundary spanning* [Scott, 1992, p. 185-226]).

D'autres experts, fidèles aux idées de travail en équipe, de participation, et d'atténuation des différences hiérarchiques, insistent sur les qualités suivantes : capacité de conviction plutôt qu'autoritarisme, tendance à collaborer plutôt qu'à dominer, faible importance attachée au statut, écoute de l'autre plutôt que manipulation, développement des capacités relationnelles et « *leadership* interactif », recours à l'intuition et aux sentiments (ou à l'« intelligence émotionnelle ») plutôt que rationalité à tout prix. Autant de traits de caractère habituellement attribués aux femmes, qui, antérieurement, servaient d'arguments pour écarter celles-ci des sphères dirigeantes et qui deviennent soudain des atouts, du moins dans certains milieux [Arcier, 2002 ; Helgesen, 1990]. Si l'on attribue aux femmes la capacité de réinventer le travail [Lunghi, 2002], nombreuses sont celles dont une bonne partie de l'énergie est gaspillée dans des stratégies de défense face aux intimidations, aux insultes et au harcèlement [Breen et Durand, 2002], même si les hommes peuvent en être également victimes [Balicco, 2001 ; Hirigoyen, 2002 ; Lhuillier, 2002].

Si, entre styles féminins et *leadership* charismatique, les managers réinventent leur profession, ils demandent à leurs salariés, dont les connaissances et aptitudes sont frappées d'obsolescence, d'en faire autant. La contribution attendue des salariés dépasse les limites de la définition d'un poste. Du fait des changements dans les méthodes et les technologies, les postes évoluent en permanence. Là où la « polyvalence » est à l'ordre du jour, le travail cesse de se définir à partir d'une « tâche » et d'un « poste » mais prend la forme d'opérations continues et intégrées, réalisées au sein d'une équipe capable de s'organiser en fonction des besoins. De colloques en réunions, on ne cesse de s'interroger sur la substitution du concept de compétence, qui intègre davantage de savoirs non formalisables, à celui de qualification [Dubar, 1996].

Le processus de « désindustrialisation » et l'importance croissante des services dans l'économie servent d'arguments pour affirmer que les travailleurs du savoir (*knowledge workers*) doivent désormais manipuler des images et des symboles abstraits et traiter l'information [Drucker, 1988]. On proclame qu'à l'usine comme au bureau la compréhension des situations complexes, faisant intervenir une multitude de paramètres, nécessite une intelligence d'ensemble. Le capital intellectuel, les savoir-faire et les connaissances tacites, sans oublier des facteurs tels que l'intuition, l'imagination, la créativité, les capacités relationnelles et émotionnelles, la capacité à communiquer (le thème de la « communication dans l'entreprise » est déjà inscrit dans les programmes de formation des futurs salariés) sont de plus en plus placés au centre de la création de valeur. Les formes de savoir servant à créer de meilleurs procédés de fabrication, des produits nouveaux, des relations de confiance, des liens forts, des réseaux sont autant d'atouts pour l'organisation. Les entreprises se penchent sur le bilan des savoirs, connaissances et compétences pour optimiser l'utilisation de l'existant et en créer d'autres en fonction des besoins recensés. Les réflexions sur l'organisation portent alors de plus en plus sur sa dimension immatérielle, posant de nouveaux problèmes de théorisation et forçant les systèmes de comptabilité, de contrôle de gestion, d'évaluation et de certification des compétences, à innover. Les débats sur la « nouvelle économie », le management de la connaissance (*knowledge management*) et la gestion de l'immatériel sont de plus en plus diffusés dans divers milieux [Bessire, 2001 ; Blondel, 2001 ; Dejoux, 2001 ; Lacroix et Zambon, 2002 ; MAUSS, 2001 ; Richebé, 2002 ; Sveiby, 2000].

• *Gérer les « ressources humaines »...* — La capacité des salariés à communiquer est définie comme un élément essentiel de leur compétence, non seulement du fait du travail au sein d'équipes « multi-métiers » et d'un besoin accru de coopération entre les différentes unités, mais aussi parce que le salarié doit négocier désormais ses compétences sur une base individuelle. Par l'intermédiaire de ses supérieurs hiérarchiques, il doit envoyer à la direction des signes révélant ses savoir-faire, sa capacité à résoudre des problèmes et à prendre des initiatives qui pourraient être utilisées, directement et indirectement, dans chaque situation. La direction y trouve une meilleure manière de connaître et de maîtriser les « ressources humaines ». Les salariés sont soumis à des séances annuelles d'entretiens individuels avec leur chef, chargé du suivi régulier de ses subordonnés.

Outre les connaissances techniques, les savoirs formels et l'aptitude à « tenir » un poste donné, le concept de qualification renvoyait à tout un processus de reconnaissance sociale. La nomenclature des emplois, la liste des « métiers » avec les coefficients correspondants, la classification qui précisait et « stabilisait » la place de chacun dans une « grille » grâce aux catégories et indices attribués résultaient, en grande partie, de négociations collectives. Une fois entérinées et institutionnalisées par les accords et conventions, elles devenaient une

Exemples de classification et d'évaluation

Chez Gemplus, entreprise spécialisée dans la carte à puce, l'évaluation de la contribution de chacun remplace les pratiques consistant à coter les postes. Les cent trente postes disparaissent au profit de « rôles » ou fonctions : on en dénombre six. Ingénieurs et cadres sont également classés en fonction de six formes de contribution recensées : responsabilisation, travail en équipe et en réseau, gestion de la valeur ajoutée, optimisation de l'organisation, innovation, orientation client. Ces contributions doivent être mises en œuvre à l'intérieur des « rôles » prévus. Un entretien annuel d'évaluation permettra au responsable hiérarchique de définir le parcours de son subordonné par rapport aux exigences de son « rôle ». Pour accompagner ce changement, une nouvelle grille de rémunérations est proposée (F. Lemaître, *Le Monde* du 9 avril 1998).

Les grilles d'évaluation intègrent les compétences techniques mais aussi relationnelles et comportementales. On peut observer ces tâtonnements dans des établissements importants ou dans quelques administrations qui, dans le but de « professionnaliser » leurs salariés, cherchent à dresser la liste des compétences mobilisées. À EDF-GDF, on a mis à contribution les différentes catégories de salariés afin de repértorier leurs compétences en matière de « savoir », de « savoir faire » et de « savoir être ». Ce dernier aspect relationnel, inspiré de l'expérience japonaise, est relativement récent. D'autres entreprises font appel aux sociologues du travail pour revoir leurs classifications et leur système d'évaluation.

réalité concrète presque « mesurable », mais qui n'en était pas moins « historiquement et socialement construite ». La qualification n'était donc pas réduite à une ressource que l'individu possède et « vend » à une entreprise : tout un ensemble de contextes « locaux », de circonstances politiques, de conjonctures économiques et de luttes sociales intervenait. Avec l'émergence du nouveau thème de la « compétence » dans un contexte d'affaiblissement des métiers et du syndicalisme, l'évaluation du salarié perd sa dimension historique et collective pour se réduire à un phénomène individuel qui se mesure sur une carrière de plus en plus courte [Gay *et al.*, 1996].

Après avoir déployé des efforts considérables, dès le début de l'industrialisation, pour fidéliser leurs salariés, les entreprises commencent désormais à trouver cette situation plutôt gênante. D'autant plus que, à la lumière des innovations et du changement permanents, l'expérience due à l'ancienneté perd de son importance et que les connaissances spécialisées évoluent en permanence. À la prédominance du « marché intérieur » de l'entreprise succède le recrutement sur les « marchés externes », à partir de titres et diplômes adéquats.

• *... et leurs conflits.* — Avec des projets imprévisibles, des équipes instables et des appartenances multiples, les conflits et leur gestion changent également de forme, comme le mettent en évidence les études portant sur les organisations « matricielles ».

Contrôle et conflit en situation d'incertitude : deux cas

Le premier établissement est spécialisé dans les jouets et les jeux électroniques. Les responsables des différentes équipes chargées d'un produit, de sa conception jusqu'à sa distribution, et les directeurs des huit départements ont le même pouvoir décisionnel, ce qui accroît l'ambiguïté de l'exercice du pouvoir. Le vice-président du marketing, par exemple, est en même temps le chef d'une des « équipes de produit ». Le responsable de la production participe à une autre « équipe de produit ». Les salariés ne savent pas toujours à qui rendre compte et qui suivre en cas de divergence d'opinions. Pour les chefs de département chargés du suivi des performances de leurs subordonnés, il n'est pas évident non plus de trouver des critères d'évaluation fiables.

Dans ce contexte imprévisible et flou s'instaurent des mécanismes permettant d'éclaircir les situations, de définir les relations de travail, d'identifier les détenteurs du pouvoir et de codifier les réactions et les comportements. Les réunions prennent ainsi la forme de cérémonies et de rituels, avec figures et symboles empruntés aux jouets fabriqués par l'entreprise. Les défenseurs de projets ou d'opinions concurrents s'y affrontent publiquement sur le ton de l'agressivité. Mais ces « duels » sont fonctionnels : ils permettent de distinguer les « héros » des « méchants », les « gens honorables » des « personnes louches ». Pour garder sa qualité de « membre », il faut avoir appris les règles du jeu et du combat, savoir comment mener une discussion ou perdre sans être déshonoré. Autrement dit, ces réunions jouent un rôle de contrôle et de normalisation. L'incertitude est maîtrisée en se transformant en un code de conduite.

Dans les conflits antérieurs qui opposaient différents départements, le P-DG jouait un rôle d'arbitrage derrière des portes fermées. Désormais les conflits se déroulent en public : les protagonistes peuvent s'affirmer et obtenir des résultats visibles, les équipes peuvent s'y référer pour définir des stratégies de collaboration et la direction y trouver l'occasion d'évaluer les capacités de ses salariés, d'avoir une vision relativement fidèle des rapports de travail et de pouvoir, bref, de contrôler la situation [Morrill, 1991].

Dans une compagnie d'*engineering* spécialisée dans les produits sophistiqués, où les projets sont transférables d'un groupe à l'autre, où les mêmes personnes appartiennent à plusieurs groupes, avec des fonctions et des statuts différents, Gideon Kunda [1992] observe également des relations de travail ambiguës. Des sphères d'influence coexistent dans des relations informelles indéchiffrables et au sein de réseaux de coopération ponctuels. Autorité, pouvoir, responsabilités des groupes et des individus sont en permanence renégociés. Il est difficile de s'en tenir à un règlement précis, et l'organigramme n'est jamais à jour.

Dans ce contexte, c'est l'intériorisation des objectifs et des normes de performance et la pression du groupe des pairs qui assurent le contrôle et la coopération. D'où la circulation de textes, les nombreuses affiches, les vidéo-conférences, les fréquents séminaires de formation et les réunions régulières pour diffuser la version officielle de la réalité de l'entreprise. Ces réunions répétées fournissent un cadre de référence où les discussions, les débats, les contestations et les négociations sont codifiés, où les employés font l'apprentissage individuel et collectif du jeu organisationnel et des comportements appropriés en cas de conflit. Invisible et subtil, le contrôle est partout.

Avec les nouvelles stratégies organisationnelles, la distribution du pouvoir, les mécanismes de contrôle, les flux d'information, les canaux de communication, les systèmes de rémunération, l'évaluation des aptitudes, les plans de carrière, bref, tous les éléments habituels de l'analyse organisationnelle et des rapports de travail sont remis en question. Le paysage contemporain est plutôt hétérogène : des éléments de la gestion bureaucratique, désormais jugée rigide et inadaptée, persistent, en même temps qu'émergent des formes nouvelles qui apportent d'autres contradictions sur la scène des relations de travail. Problèmes transitionnels dont salariés et organisations ne cessent de négocier l'issue. Pris dans un tel contexte, les spécialistes des sciences sociales tentent de renouveler leurs analyses de l'organisation.

Depuis la naissance de la « science managériale », qui réduisait l'organisation à une « structure contrôlée » et les salariés à des « réponses prévisibles » à cette structure, sociologues et autres chercheurs n'ont cessé de proposer un autre aperçu de l'organisation et du « phénomène organisationnel » (*cf.* chap. IV et V). Les managers avaient accepté l'essentiel de leurs apports. Les sociologues admettent, à leur tour, la majorité des contraintes auxquelles les managers affirment être confrontés. Si la surface d'intersection des deux approches de l'organisation semble s'être élargie, les sociologues n'en ont pas abandonné pour autant leur regard critique. Visant, hier, surtout l'image que la « science managériale » donnait de l'organisation, aujourd'hui ce regard critique se dirige plus vers les nouvelles stratégies de « gestion des ressources humaines » (*cf.* chap. VI).

IV / Critiques de l'utopie moderniste de la rationalité et de la prévisibilité

Si depuis les années quatre-vingt les analyses émanant des milieux managériaux accusent l'organisation taylorienne et bureaucratique de « rigidité » pour encourager des formes de gestion plus souples, des études réalisées par des chercheurs à partir des années cinquante et soixante avaient montré que taylorisme et bureaucratie n'avaient jamais connu une application universelle. Dans certains secteurs d'activité, il avait été impossible de définir des tâches et des responsabilités à travers des règles et procédures détaillées destinées à guider les comportements humains. Ces secteurs n'avaient donc pas attendu les nouveaux discours sur le « management » pour élaborer des formes d'organisation où la coopération, la communication, la capacité de résoudre des problèmes imprévus étaient valorisées. On en avait conclu que les critères d'efficacité doivent être définis en tenant compte de la nature de l'activité considérée et des caractéristiques de l'environnement où elle s'accomplit.

De même, si depuis les années quatre-vingt les managers ont fait de l'incertitude et de l'imprévisibilité des notions clés de leurs stratégies de gestion, les sociologues peuvent leur rappeler qu'en réalité ils ont toujours eu affaire à l'incertitude et à l'imprévisibilité. Enfin, si les théories managériales qui visent à encourager l'initiative dénoncent l'attachement bureaucratique au règlement et aux procédures, les sociologues n'ont jamais cessé d'affirmer que les salariés ne se contentent guère d'une obéissance passive aux règles. Présentant un « surplus de sens » pour les individus qui les appliquent, ou impliquant des rapports de force entre eux, les règles laissent une marge de liberté aux actions individuelles et collectives, toujours imprévisibles. Elles n'empêchent pas les salariés de définir des stratégies, qui peuvent entrer en conflit avec les décisions et les objectifs officiels. Les sociologues s'interrogent alors également sur la pertinence de l'adjectif « rationnel » appliqué à l'analyse des objectifs et des décisions.

1. Les nuances apportées par l'approche comparative

Dans les années cinquante et soixante, les observateurs de l'organisation ont multiplié les études empiriques et utilisé les résultats de leurs comparaisons pour comprendre les raisons de l'adoption ou du rejet des principes bureaucratiques et scientifiques du travail. Leurs conclusions ont sensibilisé les chercheurs aux interactions entre les différentes dimensions de l'organisation. Là où l'activité est soumise à des variations et à des changements fréquents et où les opérations sont imprévisibles, des adaptations existent pour atténuer les effets de l'instabilité, pour « gérer l'incertitude plutôt que la routine ».

Particularités des mines et du BTP

À partir de l'étude de la General Gypsum Co. (*cf.* chap. I), Alvin Gouldner [1954] a mis en évidence l'impossibilité d'adopter une gestion bureaucratique et taylorienne dans les mines. Le danger, omniprésent, empêche la centralisation des décisions. Il oblige les mineurs à développer des méthodes efficaces d'apprentissage, de communication et de coopération. Les nouveaux sont pris en charge par le groupe qui fonctionne dans un esprit d'équipe et de solidarité. En témoignent les surnoms attribués à chaque mineur, phénomène habituel dans des groupes soudés. La polyvalence est vitale car, au moindre problème, chacun doit savoir adopter l'attitude adaptée. Une définition claire des tâches et des règles n'est pas envisageable. Le lieu de travail, des galeries souterraines sombres et périlleuses, ne favorise pas non plus l'expression du pouvoir hiérarchique ni les signes visibles d'une différence de statut.

Lorsque, dans les mines britanniques étudiées par les chercheurs de l'Institut Tavistock, la taylorisation du travail fut imposée parallèlement à l'introduction de nouvelles technologies, la productivité du travail a chuté aussitôt. Les chercheurs en ont conclu qu'en matière d'efficacité le système social d'une organisation ou ses rapports sociaux de travail sont aussi importants que le choix des techniques de pointe destinées à « moderniser » la production. Ils ont affirmé qu'il fallait plutôt viser la compatibilité des dimensions technique et sociale de l'organisation. Leurs recherches sont à l'origine de l'*école socio-technique* qui s'est développée autour de cette hypothèse.

Les chercheurs de Tavistock s'étaient inspirés des pratiques en vigueur dans les gisements de Haighmoor où les problèmes de productivité et de motivation ne se posaient pas. Les mineurs y travaillaient en petits groupes sur des façades étroites. L'extraction était assurée par ces groupes solidaires, responsables du cycle entier des opérations grâce à l'interchangeabilité des rôles [Trist et Bamforth, 1951 ; Trist, 1981]. Partant de ces observations, Frederick E. Emery, Eric L. Trist et leurs collègues de Tavistock ont proposé un modèle d'organisation avec davantage de solidarité, d'autonomie, de participation, de responsabilisation et un travail plus varié, en vue d'augmenter le degré de motivation. Selon ces auteurs, pour stimuler la capacité des salariés à résoudre des problèmes et pour enrichir leur répertoire de réponses, il faut substituer à l'individu le groupe « semi-autonome » et à la spécialisation, la pluralité des compétences (*cf.* p. 52). L'organisation taylorienne et bureaucratique, comptant sur des règles et une division du travail détaillées, ne saurait constituer un modèle universel d'efficacité.

À partir de l'exemple du BTP (bâtiment et travaux publics), Arthur Stinchcombe [1959] est arrivé aux mêmes conclusions. L'absence de régularité caractérise les activités de ce secteur où le cycle des affaires et le volume du travail sont imprévisibles et où il existe une forte dépendance des marchés locaux dont les fluctuations sont marquées. De même, au niveau du travail, il ne saurait être question de formaliser les tâches et de définir avec précision les fonctions de chaque ouvrier. Un appareil administratif permanent et stable, avec ses canaux de communication et de coordination hiérarchisés, serait plutôt inefficace et coûteux.

Différences selon les branches industrielles

Au début des années soixante, des enquêtes menées dans des entreprises relevant de différents types d'industries ont attiré également l'attention sur la diversité des structures organisationnelles et des relations de travail au sein même du secteur industriel, et ont inspiré les *théories de la contingence*. Ces théories ne réfutent pas la possibilité de trouver des structures et des modes de fonctionnement efficaces, mais plutôt l'idée de modèles universels : elles soulignent la contingence de la structure bureaucratique et de la division taylorienne du travail. Pour tendre vers l'efficacité, la structure formelle de l'organisation ne saurait suivre une voie unique : elle constitue une variable dépendante qui doit être expliquée.

À partir de ses études sur une centaine de firmes britanniques de la région d'Essex, Joan Woodward, l'un des noms les plus cités des analyses de la contingence, a surtout relevé l'influence du type de technologie sur la structure organisationnelle. Elle a trouvé également des correspondances entre ces aspects, la forme et les modalités d'exercice du pouvoir, la nature des interactions humaines et celle des relations industrielles, et les caractéristiques du système de communication. On rencontrait, par exemple, moins de superviseurs dans l'industrie de *process* (caractérisée par la continuité des opérations, comme la chimie) que dans celle de production de masse (en série), qui pouvait s'accommoder d'une gestion scientifique et bureaucratique du travail [Woodward, 1958, 1965].

La typologie de Woodward fut remaniée et améliorée à plusieurs reprises, mais trois types de production ont été retenus dans la majorité des écrits : la production en petite série (comme la fabrication d'un instrument scientifique), la production de masse et l'industrie de *process*. Pour avoir attribué un rôle crucial, voire déterminant à la technologie en tant que facteur explicatif de la structure organisationnelle, les théoriciens de la contingence ont fait l'objet de nombreuses critiques. Par la suite, Woodward a affiné son analyse de l'impact de la technologie sur l'organisation. Progressivement, les effets de la taille, de la nature et du degré de prévisibilité des marchés (ou du degré d'incertitude de l'environnement) sur la structure organisationnelle ont été retenus dans les discussions qui ont nourri les analyses de la contingence.

À partir de leurs enquêtes sur de nombreux établissements écossais, Tom Burns et Gerald M. Stalker [1961] ont opposé deux modèles d'organisation et de division du travail. Dans le premier, illustré par l'industrie textile, une structure hiérarchique, un pouvoir centralisé et une définition claire des postes et des tâches — autrement dit, une organisaton taylorienne et bureaucratique du travail — sont la norme. Dans l'autre modèle, illustré par l'industrie électronique, le changement permanent et l'instabilité de la production, des produits et des marchés conduisent à une décentralisation, à une hiérarchie moins marquée et à une définition dynamique des fonctions et des responsabilités, sous la forme d'arrangements informels et celle de la solidarité. En l'absence de routines, le degré d'interdépendance et le besoin de communication sont plus élevés. Burns et Stalker ont qualifié ces modèles d'organisation et de division du travail respectivement de « mécanique » et d'« organique » (à l'instar de l'opposition proposée par Durkheim [1893] pour mettre en évidence le degré plus élevé d'interdépendance qui caractérise la division du travail propre à la société industrielle et dont résulterait une « solidarité organique »).

2. De la structure à l'action : l'incertitude e(s)t la règle

Dans l'organisation bureaucratique et taylorienne, on espère que les règles contribueront à l'efficacité grâce à leur clarté et à leur capacité à réduire l'incertitude. On suppose que les objectifs sont évidents, que les décisions prises pour les atteindre sont prévisibles et que tous les efforts humains répondent à la quête de rationalité. Mais la réalité organisationnelle observée par les sociologues est bien plus complexe que les modèles des organisateurs modernes.

La difficulté du contrôle par les règles

Selon nombre de sociologues, les règles ne constituent qu'un point de départ pour l'action humaine : elles laissent toujours des zones d'ombre en permettant des choix. D'autres approches sociologiques en font plutôt un point d'arrivée : elles résulteraient des interactions humaines, avec les rapports de force, les négociations et les compromis qui les caractérisent.

• *Les règles sont contournées....* — Les sociologues ont insisté sur les écarts entre les règles et les pratiques réelles, pour proposer une distinction entre l'*organisation formelle* (l'organisation officielle, formée de manière délibérée avec une intention précise, pour orienter les interactions et les activités de ses membres) et l'*organisation informelle* (développée en parallèle à partir de pratiques imprévues et de déviations) [Blau et Scott, 1962, p. 5-6]. En insistant sur les interactions stratégiques des acteurs, Michel Crozier et Erhard Friedberg [1977] ne voient pas l'utilité d'opposer le « formel » à l'« informel ». Force est de reconnaître, cependant, que durant les premières années de développement de la sociologie des organisations cette opposition a permis aux sociologues de s'affranchir d'une version unique de l'efficacité, définie par les pratiques et discours managériaux, et a contribué à ouvrir l'analyse à l'ensemble des acteurs.

L'insistance sur l'aspect informel a donné une visibilité aux groupes distincts, avec leur identité, leurs affinités ou hostilités affichées, leur envie de coopérer ou de s'ignorer, leur sensibilité aux différences dans les *styles de leadership*. Elle a mis en évidence les astuces qu'ils inventaient pour faciliter la coordination et la communication (le rôle de l'humour ou des rumeurs, par exemple) et pour résoudre des problèmes inattendus. Une réduction des tensions et un renforcement des solidarités semblaient souvent en résulter. Ces études ont également montré l'influence des groupes informels sur les comportements individuels et dans le développement de certaines pratiques collectives, l'ensemble déjouant les règles officielles.

Les sociologues ont remarqué également que, dans la majorité des cas où les employés jonglent avec les règles, le principal bénéficiaire de ce « détournement » reste

Un exemple de contournement des règles

Le cas d'une firme multinationale américaine de téléphones mobiles montre comment le principe d'évaluation par les pairs adopté par la direction comme une stratégie de contrôle fut aussitôt détourné de son sens. Au lieu d'identifier ceux qui déviaient la norme, le système a servi à « démasquer » ceux qui adhéraient fortement aux objectifs de l'entreprise et à les marginaliser.

Espérant développer la responsabilisation des salariés, la direction leur avait fourni une grille de dix critères analysant tous les aspects du comportement de chacun. L'objectif étant de « normaliser » chaque salarié par ses coéquipiers, l'évaluation n'était pas anonyme. Les tableaux individuels devaient être comparés à la fin du mois, le groupe des pairs se chargeant de sermonner les moins bons, d'analyser les causes de leurs faiblesses et de proposer des solutions. Mais ceux qui étaient mal notés par un coéquipier lui attribuaient, à leur tour, un score très faible. Si, pour respecter les critères de la grille, un ouvrier se montrait très sévère à l'égard de ses collègues, ces derniers cessaient de lui parler, jusqu'à ce qu'il relève son évaluation. De sorte que noter systématiquement très large est devenu une norme tacite, faussant les règles du jeu et enlevant au système la possibilité de ce contrôle normatif. En d'autres mots, la norme sociale informelle du groupe avait eu raison de la norme formelle de la direction [McKinlay et Taylor, 1997].

l'organisation. Les règles informelles ne font pas toujours obstacle au bon fonctionnement de l'organisation : elles peuvent même l'améliorer.

• *... et ce contournement peut profiter à l'organisation.* — Pour montrer l'importance de l'organisation informelle dans le bon fonctionnement d'une organisation, Peter M. Blau analyse le cas d'une agence fédérale américaine de la répression des fraudes. Chargés de l'inspection des établissements, les employés devaient s'assurer de la conformité à la législation de chacune de leurs décisions. Cette responsabilité était une source d'anxiété [Blau, 1955, p. 106-110].

Le règlement les obligeait à consulter leur supérieur hiérarchique en cas de doute. Mais celui-ci était aussi chargé de constituer les données statistiques sur chaque agent (fréquence des erreurs et des décisions non conformes), qui servaient de base à leur notation et à leur avancement. Ne pouvant se passer de conseils, tant le nombre de dossiers difficiles était élevé, les employés avaient trouvé une solution consistant à faire jouer la coopération et la solidarité et à construire tout un réseau de consultations entre eux. Grâce à cette communication libre, des réponses plus créatives et adaptées et des décisions plus pertinentes devenaient possibles.

Les arrangements informels apportent donc des solutions là où l'organisation n'en propose pas. Les efforts des salariés pour maintenir leur autonomie en gardant le contrôle du temps et du rythme de travail, par exemple, sont finalement bénéfiques au fonctionnement de l'organisation : tout en donnant l'impression d'un écart par rapport au règlement et aux procédures, ces stratégies permettent de mieux supporter des conditions de travail aliénantes et contribuent à maintenir la productivité [Burawoy, 1979].

La contribution des règles informelles à l'efficacité

Dans un atelier de machines, Donald F. Roy [1960] a observé l'interruption de la journée de travail par des actes qui, *a priori*, étaient plutôt étranges. Des activités et des interactions codifiées se succédaient comme une sorte de rituel : « temps de la banane », « temps de la fenêtre », etc. Pourquoi, tous les jours, l'un des ouvriers dérobait la banane de l'autre après avoir crié : « *Banana time* » ? Pourquoi celui-ci continuait-il à venir avec une banane qu'il ne mangerait pas ? Pourquoi tous les jours, à la même heure, les mêmes disputes entre deux autres opérateurs sur la fenêtre à ouvrir ou fermer ? Roy finit par comprendre que ces jeux quotidiens, qui présentaient une régularité sans faille, permettaient de créer des événements collectifs. Plutôt que de subir le temps objectif et quantitatif imposé par l'usine pour structurer la journée, les ouvriers introduisaient des temps qualitativement différents, définis et choisis par eux-mêmes. À une durée indéfinie, ils substituaient la structuration d'épisodes pour contrer la monotonie du travail.

Roy [1952] avait remarqué également que les ouvriers pouvaient transformer les quotas de production en un jeu, en faisant bien attention de ne pas solliciter les machines au point de risquer une panne et de ne pas attirer l'attention de la direction au point de voir une baisse de leur salaire de base. En cherchant à atteindre les quotas ils se donnaient l'impression de défier le temps. S'ils n'y arrivaient pas, les discussions pour interpréter les causes de l'échec créaient un prétexte pour communiquer. L'échange d'idées renforçait également la solidarité, l'impression de professionnalisme et l'identité de groupe.

• *Les règles permettent des stratégies variées.* — Malgré leur aspect contraignant, quand elles définissent les devoirs et les responsabilités de chacun, les règles permettent un contrôle à distance. Elles sont mieux supportées qu'une surveillance étroite. Mais les règles montrent également aux salariés les moyens de faire le strict minimum pour éviter les sanctions. Dès lors, confrontée à des problèmes de productivité, la direction renforce à nouveau la surveillance. Ce qui crée des tensions, voire des conflits, comme a pu l'observer Gouldner [1954] chez General Gypsum Co. Dans la littérature organisationnelle on caractérise ce processus comme le « cercle vicieux des règles bureaucratiques », qui est l'une des formes de dysfonctionnements repérées par les sociologues. Selon Gouldner, c'est surtout lors d'un changement de direction que l'on peut s'attendre à l'intensification du degré de bureaucratisation (*cf.* encadré p. 72).

Les règles peuvent être liées à l'exercice du pouvoir de deux manières différentes. Les responsables peuvent exiger leur application et sanctionner ceux qui ne les respectent pas. Ils peuvent également accepter d'ignorer les règles : ils obligent ainsi leurs subordonnés à solliciter leur faveur et à faire du zèle pour la mériter. Crozier a observé une telle situation au sein du « Monopole industriel », l'un des deux cas étudiés dans *Le Phénomène bureaucratique* [1963].

Le volume de la production dépendait des stratégies fiscales de l'État ; il n'y avait aucune pression pour augmenter la productivité et toutes les décisions revenaient à la direction nationale. Pour renforcer son pouvoir, un directeur pris dans un tel contexte peut recourir à plusieurs stratégies complémentaires. Il peut garder une certaine distance vis-à-vis de ses subordonnés pour se montrer inaccessible. Il peut également ordonner régulièrement des petits changements (peinture, répartition des bureaux), tactiques observées aussi à l'Indsco par Moss-Kanter [1977]. Et surtout, il peut ignorer certaines règles afin d'augmenter son pouvoir de négociation.

Avec les mêmes règles, on ne gouverne pas forcément de la même façon. Dans le cas étudié par Gouldner, tandis que l'ancien directeur avait choisi de déroger aux règles, son successeur renforça leur application. De leur côté, les employés peuvent soit appliquer le règlement à la lettre, soit refuser qu'il leur dicte les conduites à adopter. Blau [1960] a observé une telle situation dans un organisme américain d'aide au logement et d'aide alimentaire (*City agency*). La fourniture de vêtements était laissée à la discrétion des agents. Lorsqu'on leur proposa

Changement de direction et renforcement de la bureaucratisation

Gouldner évoque un cas de « crise de succession » dans la compagnie General Gypsum Co. À la mort du vieux Doug, enfant du pays et chef charismatique et paternaliste tolérant absences et retards et prenant systématiquement la défense de ses hommes qu'il connaissait personnellement, les ouvriers découvraient leur nouveau directeur, étranger au village. La direction nationale attendait de lui une augmentation de la productivité et du volume de la production. À la fin des années quarante, avec l'explosion de la construction, la compagnie était confrontée à l'expansion des marchés et à la prolifération des firmes concurrentes. Quelqu'un de l'extérieur pouvait agir avec plus d'aisance. La « transition » étant déjà assurée et la vie à l'usine devenue une réalité irréversible pour ces ex-fermiers, cet établissement pouvait désormais devenir « moderne » (taylorisé et bureaucratique).

Le nouveau directeur avait besoin de résultats rapides, qu'il ne pouvait obtenir sans la coopération des salariés. N'étant pas du même monde que les mineurs, il ne pouvait les conquérir en adoptant les méthodes de son prédécesseur. De surcroît, ceux qui avaient été les « lieutenants » de l'ancien directeur étaient décidés à lui rendre la vie difficile en développant des formes subtiles de résistance. Pour inspecter le travail dans les mines ou à l'usine, le nouveau directeur s'absentait souvent de son bureau. Au responsable national qui le demandait au téléphone, ces anciens lieutenants prétendaient ignorer l'endroit où leur directeur pouvait se trouver, laissant croire qu'il s'agissait d'un homme irresponsable et sans conscience professionnelle. Ils contestaient aussi ses ordres, sous prétexte que « Doug s'y serait pris autrement ».

Ayant besoin d'alliés, le directeur procéda à quelques licenciements stratégiques pour remplacer certains responsables par des personnes qui ne s'attendaient pas à un tel avancement, bafouant ainsi les règles de promotion. Reconnaissants, ces hommes lui offrirent leur loyauté. Indirectement, il obtenait aussi la coopération (forcée) des autres qui, de peur d'être licenciés, se tenaient tranquilles. De même, pour avoir un meilleur aperçu de la situation, il instaura un système de contrôle poussé : il obligea les responsables des différents ateliers et unités à rédiger systématiquement des rapports détaillés sur tout incident, retard, travail défectueux. Pour calmer les protestations des salariés il prétendit que les ordres venaient de « plus haut ».

Un mythe de l'âge d'or fut rapidement développé par les salariés. Ils évoquaient avec nostalgie le « bon vieux temps » où Doug se montrait très indulgent : il faisait confiance à ses hommes, il ne licenciait jamais personne, il détestait la paperasse. Du point de vue du nouveau directeur, qui avait la difficile tâche de remplacer un leader charismatique et l'obligation d'augmenter la productivité, le port de la casquette bureaucratique constituait l'unique solution, quitte à transformer une organisation quasi familiale en un monde impersonnel.

d'institutionnaliser aussi cette forme d'aide pour simplifier les démarches et réduire la paperasse, ils refusèrent sans hésiter. Si cela pouvait faciliter leur travail, cela les privait aussi du pouvoir de désigner les heureux bénéficiaires. Ceux à qui ils attribuaient une aide supplémentaire leur étaient reconnaissants. Si l'attribution se faisait de manière systématique, conformément à des règles bien définies, elle ne serait plus perçue comme une faveur, et les bénéficiaires ne leur exprimeraient plus leur gratitude. Robert K. Merton [1997] a observé, quant à lui, des situations où les règles sont non seulement acceptées, mais vénérées. Il a évoqué à ce propos le ritualisme de certains employés qui comptent toujours sur les textes pour la régulation des rapports de travail et des relations avec les « clients ».

Le *déplacement d'objectifs* : une forme de dysfonctionnement

Dans son étude classique sur la personnalité bureaucratique, Merton suggère que, plongé dans un milieu protégé, le « bureaucrate » adhère à un « esprit de corps » avec le conformisme qui en résulte. Il s'appuie sur des règles générales, abstraites et impersonnelles qui prétendent couvrir tous les cas de figure susceptibles de se présenter. Ces règles sont instaurées pour obtenir un meilleur contrôle, une résolution rapide des problèmes et la réduction des risques d'erreur. Or, si, pour l'administration « moderne », on peut procéder à une codification à partir de situations qu'il faut rendre comparables, du côté du public, chacun se voit comme un cas particulier. D'où une certaine frustration.

Subissant d'importantes pressions pour respecter les règles, la « personnalité bureaucratique » finit par les intérioriser, voire les sacraliser. Ce qui révèle un problème dans l'apprentissage organisationnel. Au lieu d'utiliser les règles comme des moyens de résolution des problèmes concrets, la personnalité bureaucratique (tel un fonctionnaire tatillon) les érige en fins : elle oublie le problème à résoudre et obéit pour obéir.

Crozier [1963] apporte quelques nuances aux analyses de Merton. Selon lui, le ritualisme de chaque catégorie est une stratégie de défense. De même, pour le corps des fonctionnaires, il affirme que si le processus décrit s'applique aux échelons les plus bas de la hiérarchie, il n'est pas observé dans les échelons supérieurs. Enfin, les règles n'empêchent pas les jeux de pouvoir. Il voit dans la bureaucatie un système qui permet un bon équilibre entre protection et liberté.

• *Les règles sont interprétées et mises en scène.* — Pour les approches sociologiques qui refusent de faire du « système » et des « structures » le point de départ de leur analyse, structure et règles ne prennent vie que grâce à des acteurs qui les mettent en scène (*cf.* p. 75 et p. 84). Ceux-ci les interprètent en s'appuyant sur leur vécu, leurs expériences passées et la perception qu'ils ont de leur rôle dans la situation présente, qu'ils partagent avec d'autres individus dont ils essaient d'anticiper les intentions et les réactions : il s'agit d'ajustements mutuels permanents dont la dynamique se perd de vue lorsqu'on part de l'idée d'une structure qui leur préexisterait.

L'application des règles n'est jamais mécanique. Les acteurs les « comprennent » en les mettant en pratique (*enact*). Mais, afin de légitimer leur action, ils doivent s'assurer de sa conformité au règlement. Ainsi, un travailleur social doit trancher entre les demandes d'aide en appliquant des textes juridiques. Mais quelle lecture en fera-t-il pour construire les cas individuels comme relevant des cas standard ? Quel usage fera-t-il des règles, procédures et lois qui constituent son cadre de référence pour traiter d'un cas particulier ? Les prendra-t-il comme un simple guide, un critère de légitimation de son action, ou une ultime référence en cas de remise en cause de sa décision ? (Exemple inspiré de [Burrell et Morgan, 1979, p. 264 et s.].) Les textes de loi et le règlement ne prennent vie qu'à partir du moment où le travailleur social commence à instruire un cas pour construire un individu et son récit de vie comme un « dossier traitable ». Il fabrique alors un « fait », à partir de ses interprétations et de son opération réflexive. Ce fait qui ne préexiste pas à ses investigations apparaîtra désormais comme une donnée objective.

De même, les salariés développent leur vision de l'organisation et des phénomènes organisationnels à partir de la position qu'ils occupent et en fonction de leur activité immédiate : leur réalité est locale. La diversité des schémas de référence conduit à la construction d'une multitude de sens selon le lieu d'où l'on regarde et l'enjeu auquel on croit. Ainsi, à l'usine Hawthorne, les chercheurs avaient remarqué que, malgré les incitations et les primes de la direction, les ouvriers de la *bank wiring room* n'atteignaient jamais les quotas fixés par la direction (*cf.* chap. II). S'ils augmentaient leur rendement, la direction pouvait décider de passer à la vitesse supérieure, ce qui réduirait les taux à la pièce. Ils avaient donc des doutes quant à la « carotte » mais le « bâton », lui, était bien réel : dans la conjoncture de dépression économique caractérisée par des licenciements massifs, ils interprétaient les règles fixant les quotas comme un moyen inventé par la direction afin de produire plus avec moins d'effectifs. Certains risquaient alors de se trouver au chômage. Les ouvriers préféraient garantir un revenu à long terme plutôt que d'augmenter leurs gains à court terme. Ils maintenaient tous à peu près le même niveau de production comme s'il y avait des « normes tacites » guidant la quantité de travail acceptable aux yeux du groupe. La solidarité, la reconnaissance des collègues avec lesquels on passe ses journées de travail pour accomplir un même type d'opération et l'intégration au « groupe primaire de travail » — lesquelles répondaient aux besoins « sociaux » des salariés, influençaient leur interprétation de la réalité et, surtout, augmentaient leur autonomie vis-à-vis de la direction — étaient aussi importantes que les règles et procédures officielles pour comprendre la logique d'action des ouvriers.

• *Les règles sont négociées.* — Depuis les années soixante-dix, les approches « interactionnistes » (« ethnométhodologie », « interactionnisme symbolique », « construction sociale de la réalité ») refusent l'idée d'une « réalité sociale extérieure » qui s'imposerait à l'individu. Sans insister sur ce qui les distingue [Berger et Luckman, 1992 ; Garfinkel, 1967 ; Goffman, 1979 ; Silverman, 1973], on peut résumer leurs points communs : elles s'intéressent au sens que les hommes attribuent à leur action et à la construction de « leur » réalité par les individus dont l'identité se façonne dans le processus de négociations avec les autres. Le sens attribué aux règles et structures se construit dans les interactions des acteurs en situation qui aboutissent à des actions collectives. En se répétant les actions finissent par avoir la même signification pour tous : elles s'institutionnalisent.

Si les règles du jeu et les arrangements institutionnels sont mis en pratique par les actions humaines qui les font évoluer, la stabilisation des interactions des acteurs n'est jamais définitive. Tout « ordre » reste provisoire, comme l'avait déjà affirmé avec force Anselm L. Strauss [1978] auquel on doit le concept d'*ordre négocié*. Ses recherches dans des établissements hospitaliers (qu'il qualifiait d'« arènes ») ont montré que les rôles et les compétences, la division et l'organisation du travail, les mécanismes de contrôle, les rapports de travail et de pouvoir sont négociés en permanence. Si les membres d'une catégorie professionnelle arrivent à prendre en charge une partie des responsabilités incombant à l'échelon supérieur immédiat, à les imposer comme étant de leur ressort, cela rehausse leur statut en réduisant les différences entre les deux catégories. Lorsque certaines tâches et responsabilités se chevauchent ou se recoupent, empêchant ainsi des séparations claires et définitives, chaque catégorie concernée s'efforce d'interpréter son domaine de compétence de la manière la plus large.

Ainsi, les rôles et les responsabilités se stabilisent en fonction des rapports de force en vigueur et, pour cette même raison, ils peuvent toujours être remis en cause. L'imposition d'une logique financière qui s'accompagne du contrôle des coûts, par exemple, peut amener des changements dans les hôpitaux. Médecins, internes, infirmiers, administrateurs peuvent vouloir redéfinir leurs champs d'intervention respectifs, leur pouvoir et leurs relations aux autres. Une nouvelle organisation et une nouvelle division du travail peuvent en résulter. Selon ce type d'analyses, si le contexte de la négociation est influencé par les politiques de santé publique, les critères de prise en charge par la sécurité sociale et les mesures de contrôle budgétaire et d'évaluation des services, leurs interprétations « locales » par les acteurs concernés peuvent cependant les faire évoluer.

Autrement dit, les acteurs sociaux créent des règles et des régulations qu'il faut toujours reconstruire avec de nouveaux compromis. Produit de l'activité humaine, une règle constitue en même temps, en tant que principe organisateur, un guide pour l'action : c'est pourquoi le maintien, la modification ou la suppression des règles est, selon Jean-Daniel Reynaud [1997], le moteur éternel des conflits. Il attribue aux règles un rôle important dans la constitution des acteurs et la définition des identités collectives, dans le cours de l'action et autour d'un projet. Le présupposé d'une influence unique des règles sur les acteurs s'affaiblit dans la mesure où celles-ci n'existent qu'à travers la dynamique de leurs interactions.

Ces analyses sociologiques atténuent l'idée d'une incompatibilité ou d'une contradiction entre « reproduction » et « changement ». Au niveau de la société, avec sa *théorie de la structuration* qui intègre l'acteur et son action (*agency*), Anthony Giddens [1987] souligne l'ambiguïté des structures sociales : elles contraignent l'action humaine, mais en même temps, ce sont elles qui lui permettent d'exister (*enable*). Au niveau de l'analyse organisationnelle, dans un ouvrage au titre évocateur (*L'Acteur et le Système* [1977]), Crozier et Friedberg affirment que si l'action des acteurs s'inscrit dans un contexte concret, celui-ci est sans cesse remis en cause par leurs pressions et leurs stratégies.

Poursuite des « objectifs organisationnels » ou quête de pouvoir ?

Les sociologues ont souvent affirmé que la départementalisation et la délégation d'autorité provoquent la multiplication des sous-objectifs [Selznick, 1949]. Les départements se limitent aux tâches qui leur sont allouées en ignorant souvent les autres [March et Simon, 1991, p. 149].

Des départements et de leurs sous-objectifs

Une étude de Harland Prechel [1991] sur une entreprise sidérurgique américaine T fournit un exemple de dysfonctionnement dû au développement de sous-objectifs par différents départements qui font passer leurs intérêts avant ceux de l'organisation globale. La direction de T souhaite réduire les dépenses et invite les responsables de chaque département à y veiller. Soumis aux méthodes comptables d'évaluation standard qui influenceront leur promotion, ceux-ci tentent alors de réduire leurs frais, parfois au détriment de l'entreprise comme le montre une décision du responsable des hauts fourneaux. Ce département possède l'unique grue utilisée pour décharger les bateaux transportant le minerai de fer acheminé vers l'usine par les soins du département des matières premières. Un bateau entre en port un week-end, alors que la grue est en panne. Le directeur du département des hauts fourneaux évalue à 500 dollars le surcoût représenté par l'intervention d'un technicien dépanneur durant le week-end et préfère remettre l'opération. Or, l'immobilisation du bateau et de son équipage pendant deux jours coûte au département des matières premières la somme de 20 000 dollars.

L'interprétation des situations, la définition des enjeux, les modalités d'accès à l'information varient selon les unités et les acteurs. Chacun ayant tendance à poursuivre ses propres intérêts, les souhaits officiellement exprimés peuvent être ignorés. De l'idée d'objectifs fixés suite à une décision rationnelle de la direction et qui seront atteints grâce au choix des méthodes efficaces, on passe à celle d'objectifs définis dans la confrontation d'acteurs en quête d'autonomie ou d'influence, avec toute l'incertitude qui en résulte.

• *Stratégies d'autonomie des ouvriers.* — Les stratégies de pouvoir peuvent empêcher la réalisation des objectifs officiels. C'est l'une des raisons pour lesquelles le concept de pouvoir occupe une place importante dans la littérature organisationnelle [Heller *et al.*, 1988]. Il ne suffit pas de définir le pouvoir à partir de sa reconnaissance officielle. Des individus dépourvus de tout pouvoir d'après leur place dans l'organigramme peuvent toutefois avoir une influence. Pour analyser le pouvoir, les sociologues en distinguent, en effet, les deux dimensions : l'« autorité » et l'« influence » (le propre d'un chef charismatique étant de cumuler ces deux dimensions). Tandis que l'autorité est unidirectionnelle, avec une portée et un champ connus, les limites de l'influence sont plus difficiles à cerner [Bacharach et Lawler, 1980]. D'autres auteurs préfèrent distinguer le « pouvoir formel » et le « pouvoir informel », celui-ci résultant de la nature des interactions propres à un contexte. Ainsi, dans le concept de pouvoir, on distingue désormais ce qui est lié à la structure et ce qui est lié à l'action : François Chazel [1992] les désigne respectivement par les termes de « domination » et de « pouvoir ».

Le passage progressif de l'analyse du pouvoir comme résultant de la structure organisationnelle à une vision plus « relationnelle » a permis de prendre compte du fait qu'au sein de l'organisation ou de l'action organisée, malgré l'asymétrie des ressources et l'inégalité des opportunités, tout individu (seul, ou grâce à des alliances tactiques : *cf.* encadrés) est capable de développer des stratégies de pouvoir.

Les salariés peuvent également maintenir l'imprévisibilité de leur jeu et laisser subsister une part d'ambiguïté quant à la définition de leurs responsabilités et au contenu de leur travail. Ils

Autonomie / efficacité : une lutte de rationalités

Friedberg [1993a] analyse le cas de Motavion (aéorautique). À la suite de l'effondrement des commandes militaires, l'entreprise s'est tournée vers la sous-traitance pour le marché civil. La direction a voulu développer l'activité commerciale pour conquérir des parts de marché grâce à des devis compétitifs, tout en investissant dans des MOCN (machines-outils à commande numérique). Les commerciaux ne peuvent refuser aucune commande. Travaillant en surcapacité et mal maîtrisées, les machines tombent souvent en panne.

Recrutés pour régler ces problèmes, les jeunes ingénieurs des méthodes sont aussitôt marginalisés par une alliance entre « la fabrication » et « les outils » (unité chargée des achats, de la gestion et de la mise au point des outils et des programmes). Les priorités et les urgences sont sans cesse redéfinies, des pièces manquent toujours, des outils sont bloqués par une opération en cours. Les agents de méthode passent alors l'essentiel de leur temps à revoir le planning des pièces. Les ouvriers et techniciens de la fabrication préfèrent trouver des solutions empiriques par tâtonnement et sont soutenus dans cette stratégie par ceux des « outils ». Ils arrivent ainsi à se soumettre la « gamme » (ou les méthodes), en inversant l'ordre hiérarchique exprimé par l'organigramme.

Friedberg affirme qu'en laissant les retards s'accumuler pour pouvoir trouver des solutions au coup par coup, les ouvriers professionnels se rendent indispensables. Ils minimisent ainsi les menaces qui pourraient peser sur leur savoir-faire et leur autonomie. Pour eux, la désorganisation permanente et l'incertitude qui en résulte sont des atouts.

échappent ainsi à un contrôle très serré de leur domaine d'intervention et tiennent les autres à l'écart.

Le contrôle de l'incertitude comme source de pouvoir

Dans son étude du « Monopole industriel », Crozier [1963] a analysé les mécanismes par lesquels les ouvriers d'entretien perpétuaient leur « pouvoir » (qui renvoie, selon les définitions résumées ci-dessus, à l'aspect informel du pouvoir ou à l'influence). Dans un contexte où tout était parfaitement prévu (*cf.* p. 71), les pannes de machine restaient l'unique *zone d'incertitude*, contrôlée, en l'occurrence, par les ouvriers d'entretien. Ces derniers étaient les seuls à connaître l'importance et la durée de la panne. Pendant ce temps-là, les ouvrières travaillant sur ces machines étaient transférées vers d'autres services (où le contenu du travail et les rémunérations pouvaient être différents), avec tout le stress provoqué par le fait de sortir de leur « routine ».

Les ouvriers d'entretien avaient consolidé leur pouvoir grâce à une alliance avec l'ingénieur technique. Ce dernier, issu du Conservatoire national des arts et métiers (CNAM), se solidarisait avec les ouvriers d'entretien pour s'opposer à son prestigieux rival, le directeur adjoint diplômé d'une grande école (Polytechnique). Si ce dernier, responsable des acquisitions technologiques, pouvait poursuivre l'objectif de renouveler le parc machines, les ouvriers d'entretien et l'ingénieur technique, dont le pouvoir dépendait de la fréquence des pannes des machines obsolètes, n'avaient aucun intérêt à y adhérer.

• *Stratégies dans les échelons supérieurs de la hiérarchie.* — Crozier et Friedberg [1977] affirment que la manière dont un problème est résolu est fortement influencée par le type de rationalité (celle du financier, du commercial, de l'ingénieur, du responsable de la recherche et développement) reconnu comme pertinent pour ce problème, lui-même défini de manière à relever de cette rationalité. Les parties impliquées tentent alors de fermer le champ d'action ou le problème en question à la pénétration d'autres rationalités. Les choix reflètent souvent les rapports de force entre les acteurs (individuels ou collectifs) concernés. Comme le contrôle d'une zone d'incertitude, la capacité d'un individu d'imposer aux autres sa définition des faits et des problèmes peut devenir une source de pouvoir [March et Heath, 1994, p. 17]. D'où les luttes autour de la définition d'un problème et de sa solution.

Objectifs définis dans la lutte pour le pouvoir

Dans une PMI britannique fabriquant des produits durables de consommation courante, on a observé la confrontation entre les ingénieurs de fabrication et les financiers-comptables sur la question de la « gestion des stocks ». Pour réduire les coûts et augmenter la marge des bénéfices, notamment par le contrôle de la gestion des stocks, les premiers souhaitaient produire un maximum d'articles avec un minimum d'interruptions. Leur solution consistait à réduire les stocks en adoptant le juste-à-temps, système qu'ils pouvaient facilement intégrer dans leur schéma de fonctionnement habituel. Quant aux financiers, ils souhaitaient inclure la gestion des stocks dans leur projet d'acquisition d'un nouveau système informatique centralisé qui leur permettrait de traiter simultanément toutes les données complexes. Ils essayaient donc de définir le contrôle des stocks comme un problème relevant de la comptabilité, tandis que les ingénieurs souhaitaient le réduire à un problème technique relevant de la fabrication. C'est le rapport de force entre ces deux catégories, plutôt que la seule rationalité universelle, qui allait fournir la clé de la solution [Parker, 1995].

L'expérience d'une entreprise britannique dans le secteur de la chimie est un autre exemple de l'influence des stratégies de pouvoir sur la définition des objectifs. Au début des années soixante, les projections concernant l'évolution de ses besoins en vapeur pour la réalisation des divers procédés chimiques avaient conduit la direction de l'entreprise à acheter une chaudière pouvant atteindre des niveaux de pression élevés (400 psi). La demande en vapeur n'ayant pas augmenté aussi vite que prévu, le gaspillage d'énergie était évident : il fallait atteindre le niveau maximal de pression avant de redescendre à des niveaux plus faibles, la grande majorité des opérations se faisant à 80 psi. Certains ingénieurs avaient imaginé une solution : utiliser cette énergie pour produire de l'électricité. Dans ce cas, la solution précédait donc le « problème » ou l'objectif : « rendre l'usine autosuffisante en matière d'énergie ».

Par la suite, avec l'expansion continue des opérations, la nécessité de l'achat d'une seconde chaudière s'imposa. Le choix du type de chaudière et de ses capacités opposa alors le directeur des achats au directeur de la production. Celui-ci rêvait toujours de génération d'énergie électrique : il demanda au service gouvernemental chargé de l'utilisation efficace de l'énergie de procéder à l'évaluation des économies annuelles qu'on pouvait en espérer. Le directeur des achats continua à refuser en avançant le surcoût qu'une chaudière puissante représentait pour l'entreprise. Or, au même moment, et indépendamment de ce projet, la compagnie nationale chargée de l'exploitation des gisements de charbon leur proposait un stock d'une qualité médiocre à un prix très intéressant. À la lumière de cette nouvelle donne, le directeur des achats réalisa que l'acquisition d'une chaudière à haute pression, capable de fonctionner avec ce carburant, était une opération plus rentable que l'achat d'une chaudière à faible puissance nécessitant du charbon de très bonne qualité. Cet achat redonna de l'espoir au directeur de production et à ses alliés pour continuer à mener leur campagne de production d'électricité.

Juste après cette opération, le directeur général annonçait son départ à la retraite. Or, selon l'organigramme de l'entreprise, on savait qu'il serait remplacé soit par le directeur de production soit par le directeur des achats. Ces deux hommes savaient que leur accès au poste de direction dépendrait fortement du résultat de leur confrontation sur la question de la génération d'électricité. Le directeur de production revint aussitôt à la charge en demandant l'achat d'une turbine. Le directeur des achats reprit ses calculs des surcoûts et de leurs effets sur le budget. Il y ajouta d'autres arguments : la compagnie nationale d'électricité s'était toujours opposée à l'idée de production privée d'électricité ; aucune entreprise du secteur ne procédait de la sorte, et si l'opération était rentable, cela se saurait (cette attitude illustre ce que les théoriciens de l'organisation entendent par « rôle de l'imitation » dans les stratégies organisationnelles).

Le directeur de production étudia en détail tous les documents et rapports utilisés par le directeur des achats, dont les calculs de coût s'appuyaient essentiellement sur les chiffres fournis par la compagnie nationale d'électricité. Il constata que le coût général de l'opération ainsi que les problèmes techniques qui pourraient éventuellement se poser du fait de l'utilisation des turbines étaient largement surestimés. Sans l'enjeu du pouvoir, aurait-il accepté de passer autant de temps sur ces dossiers, uniquement pour faire triompher la vérité ? Il finit par trouver la source de l'erreur et mobilisa ses alliés autour de son projet d'achat. Le projet fut soumis au vote à la demande de la direction. Les opinions favorables à l'achat d'une turbine l'emportèrent, alors qu'il n'y avait aucune certitude sur la rentabilité ou la faisabilité de ce projet. La production d'électricité n'était devenue un objectif organisationnel que dans le cadre des luttes pour le pouvoir opposant deux candidats à la direction dont les stratégies évoluaient en fonction des informations et des éléments nouveaux [Wilson, 1995].

Si, lors d'une confrontation, l'une des parties peut imposer son choix, il existe également des cas où aucun accord n'est possible. Dans de telles situations, c'est le projet d'entreprise lui-même qui risque d'être abandonné. L'échec essuyé par une petite entreprise américaine de biotechnologie créée dans les années quatre-vingt en est un exemple.

La difficulté de passer d'un objectif « vague » à un objectif « précis »

L'objectif de l'entreprise, exprimé par les deux acteurs clés F et C, est d'exploiter une nouvelle technique d'anticorps monoclonaux en les utilisant comme des marqueurs. Par réaction chimique, l'anticorps doit s'unir à une substance témoin pour montrer la présence de certaines maladies dans l'organisme examiné.

Responsable financière, F souhaite mettre sur le marché des tests partant de ce principe. C, ancien universitaire recruté comme responsable de la section R & D veut transformer cette technique en une thérapie du cancer. Il pense pouvoir « envoyer » la substance chimique directement et exclusivement dans les cellules cancéreuses pour les détruire. Comme le produit espéré ne voit pas le jour, F, qui doit rendre des comptes aux actionnaires en attente de retours rapides sur leurs investissements, propose une solution intermédiaire : orienter les recherches vers la fabrication de tests destinés à diagnostiquer certaines maladies chez les animaux domestiques, car l'autorisation de mise sur le marché est plus facile. C, quant à lui, rêve de prix Nobel. Il ne veut pas troquer sa noble mission contre un objectif commercial qui l'obligerait à travailler sur des excréments de chien. Les identités professionnelles, la logique d'action, la vision du monde, le rapport au temps, les contraintes et les rêves de ces deux personnes étant radicalement différents, elles n'ont pas réussi à trouver un compromis [Dubinskas, 1992].

Les limites de la rationalité et de la prévisibilité des décisions

Dans leur critique de l'hypothèse de la rationalité parfaite appliquée à l'étude du processus de prise des décisions, James G. March [1978] et Herbert A. Simon [1945] soulignent les limites cognitives qui empêchent les individus d'envisager toutes les possibilités. Dans le processus de décision, certaines solutions n'apparaissent qu'au fur et à mesure, redéfinissant ainsi les « préférences ». Filtrée par ceux qui la détiennent, de manière à influencer les décisions, et transmise en fonction de leurs intérêts, l'information est rarement neutre ; elle n'est jamais complète : autrement dit, elle est souvent partielle et partiale. De même, la manière dont elle est reçue et interprétée dépend, en partie, des routines et des habitudes de ceux à qui elle s'adresse. Enfin, pour des raisons pratiques, et notamment par manque de temps, on ne va jamais jusqu'au bout de la recherche des solutions envisageables. La décision optimale ou le choix le plus rationnel n'existent pas : ils sont fortement influencés par le contexte [Cyert et March, 1963].

Au niveau de l'organisation, les procédures officielles, qui servent de cadre de référence, influencent la perception des « membres » et limitent leurs choix. Les décisions destinées à trouver une solution à un problème varient selon l'endroit précis de l'organisation où ce problème est perçu et selon la nature de l'information obtenue. Enfin, comme les décisions prises dans une unité peuvent constituer une contrainte pour une autre unité, on ne saurait chercher la solution optimale : on s'arrête à la première solution qui puisse « satisfaire » le plus grand nombre d'intéressés. La rationalité est donc limitée (*bounded rationality*) et locale [March, 1978 ; March et Simon, 1991]. Dans certains types d'organisation, notamment les universités (qualifiées d'« anarchies organisées »), l'étude des processus de prise de décisions a inspiré une curieuse métaphore, celle de la « boîte à ordures » (*garbage can*) [Cohen, March et Olsen, 1972].

Le *garbage can* ou la prise de décisions dans un « système aux liens vagues »

Le modèle de la « boîte à ordures » repose sur l'idée qu'à l'instar des déchets jetés dans une poubelle, les éléments constitutifs de la décision (problèmes, participants, opportunités, choix, solutions) sont lancés au fur et à mesure qu'ils se présentent, dans un ordre dû en grande partie au pur hasard, avec un nombre et une composition imprévisibles. Au départ, il n'existe pas forcément de liens entre les éléments qui mèneront à une décision. Leur mode d'articulation dépend du moment d'entrée en scène des différents participants, dont la disponibilité et le degré d'implication ne sont pas forcément connus à l'avance. Si des connexions arrivent à se faire entre eux, une décision peut en résulter. La décision prise n'est pas toujours celle qui règle directement le problème posé à l'origine. Il existe des situations où des solutions sont inscrites dans le répertoire d'une organisation en attendant la formulation d'un problème auquel elles pourraient apporter une réponse (*cf.* le cas analysé par [Wilson, 1995]). Enfin, problèmes et solutions ne se rencontrent pas chaque fois. L'image qui en résulte est celle d'une organisation « aux liens vagues » (*loosely coupled*).

Tous ces exemples et leurs analyses sociologiques convergent pour affirmer que ce sont les acteurs qui donnent vie à un ensemble de règles et procédures (communes) par leur mise en scène et leurs accomplissements collectifs. L'ensemble du jeu dépend donc autant des interprétations individuelles que des relations entre acteurs et des enchaînements des rôles et des répliques. Les règles semblent fragiles lorsqu'on observe les négociations dont elles font l'objet ou lorsqu'on passe de l'organisation à l'action. Objectifs et décisions ne suivent pas forcément l'impératif d'efficacité et de rationalité mais peuvent résulter des stratégies de pouvoir. D'une perception d'ordre, de cohésion, d'homogénéité et de prévisibilité, exprimée par la métaphore du « système », on passe à celle de contextes où règne, côté structure, la contingence et où s'expriment, côté acteurs, conflits, luttes d'intérêt, alliances et compromis provisoires [Lammers, 1990 ; Morgan, 1997]. Lorsqu'on ajoute à ces analyses l'image de l'« organisation aux frontières perméables » et l'intervention d'une multiplicité d'acteurs et de mondes sociaux, on comprend mieux les difficultés à prévoir la manière dont un objectif va évoluer, dont une décision sera appliquée et dont une innovation projetée verra le jour.

V / L'organisation comme rencontre de mondes sociaux différents

L'idée d'un « système rationnel fermé » que les premiers modèles organisationnels véhiculaient a été abandonnée au profit d'une vision de l'organisation ouverte, en interaction avec son environnement. Si, dans les discours managériaux des années quatre-vingt-dix, l'image des entreprises en réseaux ou celle de l'organisation aux frontières floues l'emporte, sur cet aspect comme pour la reconnaissance de l'imprévisibilité et de l'incertitude, les analyses sociologiques les ont précédées. Les sociologues travaillant sur les administrations publiques et leur environnement s'étaient déjà interrogés sur la validité d'une distinction entre un « intérieur » et un « extérieur ». Privilégiant l'analyse des interdépendances ou des activités coordonnées, ils avaient également incité à dépasser les limites d'une structure donnée. Enfin, en relevant le dynamisme des acteurs et les résultats imprévisibles de leurs confrontations, les analyses sociologiques de l'innovation technologique sont venues confirmer la difficulté de tracer des frontières, pour proposer la métaphore d'une toile extensible, sans bordures ni coutures (*seamless web*).

Lorsque les chemins d'acteurs relevant de divers « mondes sociaux » se croisent autour d'un projet donné, celui-ci ne peut se préciser que dans la confrontation des protagonistes ayant des logiques, des visions et des attentes différentes de leur rencontre (provisoire). Dès lors, les événements sont guettés plus dans les interfaces et les croisements qu'à l'intérieur d'ensembles finis. Plutôt qu'en termes de « forme » ou de « structure », l'organisation est désormais analysée en tant que « processus ».

1. Les logiques d'acteurs débordent les contours d'une organisation

Pour le sociologue qui veut comprendre les logiques d'acteurs, il est difficile de réduire l'organisation à un espace physique aux contours fixes. C'est la raison pour laquelle, dans leur « analyse stratégique », plutôt qu'à l'organisation, Crozier et Friedberg [1977, 1995] s'intéressent à l'action (collective) organisée. Des espaces d'action, qui ne se recoupent pas toujours avec les limites physiques d'une organisation donnée, sont structurés par l'action organisée. L'analyse des caractéristiques de ces espaces, où s'expriment les interactions entre acteurs, est importante pour la compréhension de leurs stratégies de pouvoir. De tels espaces, que les auteurs appellent « systèmes d'action concrets », constituent le contexte (socialement construit) de définition des enjeux.

Le système d'action n'a pas de limites ou de localisation *a priori* : le chercheur se doit de trouver, derrière le désordre apparent des stratégies d'acteurs, un minimum d'ordre et de régularités. Pour repérer l'existence d'un système d'action, Crozier et Friedberg insistent sur l'interdépendance des comportements et des stratégies des acteurs organisationnels, comme c'est le cas pour des joueurs engagés dans un même jeu. Ils recourent à la métaphore du jeu parce que celui-ci concilie la liberté et la contrainte. Ils affirment qu'en général plusieurs jeux se déroulent simultanément, leur articulation se faisant au sein du système d'action concret, qui régule l'ensemble. Chaque acteur agit selon les contraintes du système car, en contrepartie, il obtient des avantages [Crozier et Friedberg, 1977, 1995 ; Friedberg, 1993a et 1993b]. Chacun des acteurs interdépendants contribue ainsi à perpétuer le modèle général du jeu dont la scène n'est pas toujours une organisation bornée, mais bien un système d'action, comme le montre l'exemple du « système d'action départemental » étudié par Pierre Grémion [1976].

Grémion s'est penché sur les institutions régionales prévues par le Ve plan (1964-1968) pour montrer que la distinction apportée par la réforme régionale entre un échelon de « gestion » (le département) et un échelon de « planification » (la région) ne recouvrait pas la logique d'action des acteurs. Selon lui, les stratégies d'acteurs n'étaient explicables que si l'on acceptait le département comme un système d'action local qui est aussi un système de pouvoir : « La régionalisation avortée en est le meilleur révélateur » [Grémion, 1976, p. 118]. Ainsi, la régionalisation a abouti, paradoxalement, à un renforcement de la centralisation.

Grémion analyse les effets inattendus de la réforme en prenant en compte les interdépendances entre les différentes organisations concernées et leurs acteurs ; il insiste plus particulièrement sur la nature des relations entre les bureaucraties territoriales et les élites locales. Le pouvoir des fonctionnaires locaux n'est pas circonscrit dans les limites de leur organisation : il se définit surtout dans le cadre des interactions avec les notables. Les garanties offertes par les élus permettent au fonctionnaire de dépasser son rôle d'exécutant, et la négociation de la règle dictée par le centre pour opérer des ajustements renforce le pouvoir de l'élu. L'univers des fonctionnaires et celui des élus locaux sont donc interdépendants et le pouvoir de chacun des deux partenaires se renforce dans cette relation privilégiée. Pour le fonctionnaire local, la rationalisation administrative serait une dépossession de compétence. De même, pour le notable, être court-circuité par l'administration serait une diminution de sa crédibilité et de sa représentativité. D'où l'importance attachée par les deux parties à l'opacité de leurs rapports.

La régionalisation réduisait à la fois la marge de manœuvre du notable et la légitimité de la compétence territoriale du fonctionnaire. D'où les réticences des uns et des autres à l'égard de la réforme. Grémion souligne cependant les différences entre les attitudes des élites du département chef-lieu de région et celles des élites des départements périphériques de la circonscription, ces dernières étant encore plus « déçues » par la réforme régionale. La région fut perçue dans les départements périphériques comme un échelon introduisant l'inégalité entre les partenaires de la circonscription. L'intervention du préfet de département fut de plus en plus sollicitée. On continua ainsi à accepter Paris ou son représentant comme seul interlocuteur légitime. La réforme régionale a transposé, au niveau régional, la logique de la justice distributive régnant au niveau départemental.

Objectifs du centre, intérêts locaux

Selon Grémion, la tentative de passer d'une logique distributive à une logique économique où les critères d'efficacité sont définis par des experts dont le pouvoir (perçu comme un contrôle déguisé) est contesté ne pouvait que déclencher de fortes oppositions. Dans l'univers hospitalier, on a également noté la mobilisation d'acteurs appartenant à des mondes sociaux différents pour contester la planification rationnelle et la régionalisation des schémas d'orientation sanitaire [Arbuz et Debrosse, 1996]. Le directeur de l'hôpital, qui est sous tutelle étatique, doit désormais faire face à des pressions financières nées de la volonté de rationalisation des soins et de la maîtrise des dépenses de santé. En tant que président du conseil d'administration de l'hôpital, le maire doit entériner les décisions importantes. Or, dans beaucoup de cas, l'hôpital est le principal employeur de la commune et, lorsqu'il s'agit de fermer un service, voire un hôpital, les élus sont soumis aux pressions des populations qui défendent l'hôpital de proximité et à celles des médecins, sensibles au maintien des compétences techniques et professionnelles. Les stratégies des acteurs concernés puisent leur dynamique dans un espace social dépassant les limites de l'hôpital.

L'étude des liens entre la centralisation du pouvoir et le système de représentations locales [Crozier et Thoenig, 1975 ; Dupuy et Thoenig, 1983 ; Grémion, 1976] a montré qu'en matière de projets politiques l'écart est souvent important entre les décisions du centre et leurs applications locales, du fait des intérêts divergents des acteurs. Analysant un projet de développement local voté par le Congrès américain en 1933 dans le cadre de la politique du *New Deal* du président Roosevelt, Philip Selznick [1949] avait fourni des preuves allant dans le même sens. Tout en dévoilant les mécanismes de « neutralisation » de la réforme en question, Selznick a montré que les dynamiques des dysfonctionnements de la TVA (Tennessee Valley Authority), l'organisme chargé de mettre en place et d'appliquer ce projet de réforme, étaient à chercher dans le contexte local et les rapports de force qui le caractérisent, et non à l'intérieur des frontières de la TVA.

La « déformation d'objectifs » comme modèle de dysfonctionnement

Le projet de développement local analysé par Selznick visait à redéfinir le statut économique de toute la vallée du Tennessee (dans l'État de l'Alabama) par le contrôle des crues, l'amélioration de la production-distribution d'engrais et d'électricité, la protection de l'environnement et la création, autour du barrage, d'un certain nombre d'espaces publics destinés aux activités de loisir. La TVA fut mise en place pour répondre à ces objectifs.

La TVA souhaitait instaurer une politique décentralisée pour contribuer à la planification démocratique en mobilisant tous les acteurs locaux. Pour bénéficier du soutien politique de l'élite locale, ou du moins pour neutraliser sa résistance, la TVA a intégré certains de ses représentants au cœur de ses appareils de décision (stratégie de « cooptation »). Parmi les membres de la direction de la TVA figuraient ainsi les militants de la « Fédération des fermiers américains » défendant les intérêts des riches fermiers blancs. Bénéficiant d'une certaine autonomie, ces acteurs locaux cooptés en ont profité pour réorienter la stratégie globale de la TVA et l'ont fait dévier de la voie qu'elle s'était tracée. Ils ont réussi, par exemple, à proposer à la vente l'essentiel des terres améliorées grâce aux investissements publics et qui devaient rester propriété de l'État.

Plus encore, les représentants de ces exploitants agricoles aisés ont empêché la TVA de collaborer avec d'autres agences du *New Deal*, comme la « Sécurité fermière » et le « Service de conservation des sols par la propriété publique des terres ». Ainsi, au lieu d'augmenter le pouvoir décisionnel de la base et de redistribuer les richesses, la TVA a-t-elle contribué à renforcer, au sein du système local, le pouvoir des fermiers blancs fortunés au détriment des fermiers pauvres, des fermiers noirs et des organisations agricoles non membres de la Fédération des fermiers américains. Elle comptait réaliser ses objectifs grâce à la cooptation ; elle a dû, au contraire, les modifier. Loin d'être un agent de changement, la TVA devint un agent de conservation.

2. Confrontations entre « réseaux d'acteurs mobiles »

Les études de l'organisation sociale de l'activité scientifique et les analyses des facteurs « sociaux » dans les innovations (technologiques et organisationnelles) prolifèrent depuis la fin des années soixante-dix. Des approches en termes de « construction de systèmes techniques à grande échelle » (*large scale technological systems*) par des « bâtisseurs de systèmes » (*system builders*, concept proposé par Thomas

Hughes), de « construction sociale des technologies » (*social constructivism* ou *social shaping of technology*) [Bijker, Hughes et Pinch, 1987 ; MacKenzie et Wajcman, 1985], ou de « acteurs-réseaux » (*actor network*) [Callon, 1989 ; Latour, 1989] s'intéressent aux processus de mobilisation des acteurs dont les relations « se stabilisent » autour d'une solution particulière qui « clôt les controverses ». La connaissance personnelle et la confiance ainsi que l'utilisation de techniques et d'instruments communs peuvent contribuer au rapprochement de ces mondes et de leurs acteurs et faciliter leur collaboration.

En sociologie de l'innovation, on relève l'importance, pour un *acteur*, de constituer des *réseaux larges et solides*. Il doit *enrôler des alliés* qui appartiennent à des milieux différents et dont il réinterprétera les intérêts de manière à ce qu'ils soient en harmonie avec ses propres objectifs. Il deviendra alors un *lieu de passage obligé* pour ses alliés. Un tel acteur qui déplace et transforme les idées, les moyens, les objets, les rôles et leurs liens, et qui maintient les divers intérêts *alignés*, jusqu'à ce qu'une solution unique émerge, est nommé *traducteur*. Certains auteurs attribuent également un rôle aux objets ou aux « non-humains » [Callon, Latour] ou aux « accords » [Thévenot, 1989] dans le processus d'« alignement des intérêts ». Enfin, c'est au sein du réseau que sont façonnés les différents éléments et leurs relations, ainsi que le scénario mis en scène : ils ne préexistent pas à la mobilisation des réseaux d'acteurs et des objets. La construction des « faits » se fait donc collectivement [Latour, 1989].

L'innovation entre contraintes techniques et sociales

Selon les analyses sociologiques, l'objet technique n'a pas de dynamique autonome : il doit sa vie à la mobilisation de nombreux individus et institutions — représentants d'intérêts, d'objectifs, de traditions et d'expériences multiples et variés acquis dans des mondes sociaux différents. Il incorpore et matérialise leurs rapports de force.

Dans un livre remarqué, Donald MacKenzie [1990] analyse les raisons qui ont conduit les responsables américains à encourager le développement des missiles balistiques intercontinentaux avec un système de navigation aveugle, alors que rien ne les prédisposait à devenir une arme stratégique et fondamentale. Dès la fin des années cinquante, ce choix avait orienté l'avenir de la défense nucléaire des États-Unis. MacKenzie l'explique par l'imbrication de divers facteurs tels que les rapports de force entre les différentes composantes de l'armée, les interactions avec les laboratoires de recherche et les cultures respectives de ces institutions.

Les missiles : facteurs organisationnels, technologiques et politiques

L'armée de l'air américaine avait une préférence pour les bombardiers. Cette organisation dominée par des pilotes voulait imposer sa suprématie en profitant du développement de l'industrie aéronautique et des capacités des avions « jets ». Les missiles balistiques étaient assimilés à l'artillerie, qui ne relève pas de l'armée de l'air. De plus, un système de guidage aveugle, sans aucune intervention humaine, était contraire à la culture organisationnelle et à la logique de carrière des pilotes. Or, entre-temps, la bombe hydrogène était inventée, et un *lobby* s'était aussitôt constitué pour affirmer qu'avec l'hydrogène on réduisait le poids et la taille des têtes de missile, tout en augmentant leur portée et leur précision. On avait même défini cette précision : la marge d'erreur accumulée au bout de dix heures de vol devait être inférieure ou égale à un *mile* (1 609 m). Enfin, les chercheurs du laboratoire d'instrumentation du MIT (Massachusetts Institute of Technology), encadrés par un professeur d'aéronautique, s'employaient à démontrer la faisabilité de la navigation aveugle et à en convaincre l'armée de l'air. En 1955, le laboratoire a accueilli cinq officiers de l'armée de l'air comme doctorants et a délivré cinquante-cinq *masters' degree*. Plus tard, c'est avec l'un des anciens thésards, devenu colonel, que serait négocié le contrat par lequel l'armée de l'air s'engageait définitivement à contribuer au développement du système de navigation inertiel.

L'étude de MacKenzie montre que le choix concernant les missiles balistiques n'était pas une question purement technique. De même, la définition de la fiabilité autour de un *mile* pour dix heures de vol était influencée par l'identité de la cible visée à l'époque, à savoir l'Union soviétique. Relevant autant de la technique que du social, les spécifications et la précision d'un instrument technique sont souvent négociables.

Un autre cas d'innovation par une PMI française illustre le rôle de la négociation et du compromis dans l'aboutissement d'un projet technique [Bagla-Gökalp, 1997a]. Cette entreprise fabrique, entre autres, des capteurs de température. L'un de ses contrats concerne la création d'un capteur spécial pour une société chargée de développer un moteur de fusée. Dans la mesure où l'information sur la température reste toujours cruciale, il faut installer sur le moteur des thermocouples et/ou des thermosondes (sondes à résistance), à des points de mesure désignés par des calculs très fins et selon des modélisations successives.

Le capteur devait fonctionner dans un milieu très hostile (brusques changements de température nécessitant un niveau d'isolement en conséquence, niveaux vibratoires et pression très élevés, etc.) dont le client lui-même ne connaissait pas encore toutes les caractéristiques. Aucun des capteurs de température existant sur le marché ne répondait aux spécifications techniques définies par l'ingénieur de l'organisme client : une véritable innovation technologique restait donc à faire dans une situation d'incertitude.

Pendant les tests de qualification, une difficulté persistait, celle du niveau de pression. En effet, si l'on avait réussi à régler les autres problèmes, lorsqu'on respectait les spécifications concernant la pression, les thermosondes cassaient sur les bancs d'essai. D'après les calculs de l'ingénieur de l'organisme client, le capteur devait pouvoir résister à des pressions de 400 bars. Pour sortir de l'impasse, le vice-président du département concerné de cette PMI ne voyait qu'une solution : modifier les spécifications initiales du capteur en matière de pression *en modifiant les points de mesure*. Il a négocié alors directement avec le responsable du contrat chez l'organisme client. Un accord fut effectivement possible dans la mesure où les deux hommes se connaissaient bien et se faisaient mutuellement confiance. La contrainte de pression fut ramenée de 400 à environ 250 bars. Depuis, les capteurs fabriqués par cette PMI très performante pour des moteurs d'avion et de fusée ont largement prouvé leur fiabilité et leur efficacité.

Si, au lieu de procéder à ce que Bruno Latour appelle la « politisation d'un problème technique », le vice-président avait laissé « son » ingénieur chef de projet s'enfermer dans des discussions sur les contraintes techniques avec « leur » ingénieur qui s'était chargé des modélisations, l'innovation en question aurait été compromise.

Lorsque des significations très différentes sont attribuées à un objet qui reste encore à définir, un compromis ou un accord se révèlent souvent impossibles. Un projet d'innovation peut essuyer un échec non seulement à cause de certaines difficultés techniques, mais aussi du fait des contraintes organisationnelles et de raisons d'ordre symbolique. Un tel exemple de projet d'innovation avorté est fourni par Aramis (Agencement en rames automatisées de modules indépendants dans les stations).

La société Matra était appelée à construire Aramis dans le cadre d'un projet de modernisation du métro pour le compte de la RATP, maître d'œuvre. Aramis, avec des petits véhicules automatisés et programmés, bénéficiant d'un « attelage électronique » (ou « immatériel », afin que les véhicules puissent se « tâter » sans être attachés), d'un moteur-roue, d'un montage sur pneumatique et d'une traction électrique, circulerait en continu pour libérer les automobilistes de la banlieue sud de Paris.

Au début, il y avait potentiellement autant d'Aramis possibles que de compromis entre les acteurs impliqués. Le projet technique, sa conception et ses spécifications ont évolué parallèlement aux confrontations entre les différents acteurs impliqués (la DATAR, Matra, le ministère des Transports, la région Île-de-France, le ministère des Finances). Mais la marge de manœuvre fut progressivement réduite dans la mesure où la RATP avait fait de l'« attelage électronique », difficile à réaliser avec les connaissances de l'époque, la condition *sine qua non* de la poursuite du projet.

Rêvant de performance technique, les ingénieurs de la RATP n'acceptaient aucune concession sur cet aspect. Pour résoudre les difficultés techniques, les ingénieurs de chez Matra avaient fait des propositions qui risquaient de déboucher sur une sorte de VAL, le métro de Lille. Or, VAL symbolisait l'unique métro qui s'était fait sans la RATP. Si Aramis ne dépassait pas VAL, il n'avait plus de raison d'exister [Latour, 1992].

La collaboration entre acteurs venant de mondes sociaux différents qui communiquent mal n'est donc pas toujours facile. Les sociologues de l'innovation ont observé que des objets ou des techniques standardisés se prêtant à un usage commun peuvent faciliter le compromis. Ces moyens permettent le regroupement (temporaire) des acteurs autour d'une activité et de tâches communes dont les divers éléments peuvent ne pas avoir la même signification à leurs yeux. C'est pourquoi ils ont été qualifiés d'« objets frontières » (*boundary objects*). Dans le domaine scientifique, un instrument standardisé peut également remplir une telle fonction en permettant la collaboration de différentes catégories de chercheurs et de spécialités qui en arrivent à définir des problématiques ou des orientations communes grâce à l'instrument partagé, et à organiser de nouveaux domaines de recherche.

Susan L. Star et James Griesemer [1989] ont étudié le rôle d'objets frontières dans l'organisation d'un musée de zoologie à Berkeley, au début du siècle. S'intéressant à la sélection et aux niches écologiques des espèces, et obligé de collecter des données détaillées sur la faune, le flore et l'environnement, le directeur du musée voulait laisser à la postérité des spécimens complets, avec un maximum d'informations archivées. Le bureau des investigations biologiques, relevant du gouvernement fédéral, encourageait les recherches sur les principes de la distribution biogéographique des plantes et des animaux. Une riche héritière, intéressée par la préservation de la nature menacée par la civilisation, acceptait de faire une importante contribution financière. Le directeur avait également besoin des collectionneurs et des chasseurs amateurs dont les méthodes de collecte étaient loin de lui convenir. Il lui fallait trouver une solution pour « enrôler » aussi ces derniers afin de mener à bien son projet d'organisation.

Les amateurs avaient compris de leur côté que, s'ils ne voulaient pas être marginalisés, ils devaient veiller à ce que leurs échantillons soient scientifiquement exploitables. C'est à ce prix que scientifiques et conservateurs reconnaîtraient leur contribution. Le directeur a défini alors des méthodes standard de collecte, d'étiquetage, de classification, de tenue de carnets de notes et de conservation. Il suffisait aux amateurs de se conformer à ces instructions, qui fonctionnaient comme des objets frontières : les différentes catégories d'acteurs ont pu construire l'objet de leur collaboration provisoire à partir de ces méthodes standard.

En ce qui concerne l'étude du processus d'organisation, ces approches invitent soit à quitter les limites de l'organisation existante pour s'interroger sur la dynamique des rationalités et des intérêts divergents qui s'inscrit dans un contexte plus large, soit à renoncer à s'intéresser à une organisation pour se pencher sur ses interactions avec les autres, *via* les jeux de ses acteurs. Ainsi l'organisation devient un réseau d'associations mobiles, non localisables. Parallèlement, « organiser » revient à déplacer et à transformer les frontières. Ces analyses sociologiques sont désormais connues dans les milieux managériaux, qui reconnaissent le rôle vital des réseaux, s'interrogent sur les compétences requises pour « franchir les frontières » et redéfinissent ainsi leurs politiques de gestion des ressources humaines.

VI / Limites du « management culturel et participatif »

Au sein des stratégies managériales, la « gestion des ressources humaines », ou GRH, occupe une place de plus en plus importante dans les débats. Dans les années quatre-vingt et quatre-vingt-dix, les milieux managériaux ont essayé d'améliorer l'efficacité des « ressources humaines » en les invitant à intérioriser certaines valeurs en échange de la promesse de participation. Anthropologues et sociologues n'adhèrent pas toujours à la manière dont est utilisé le concept de culture par les adeptes de la « culture d'entreprise ». Sociologues et philosophes relèvent également les limites des nouvelles stratégies de GRH. Ils opposent la « cohérence » des relations industrielles du modèle « tayloriste » et « fordiste », caractérisé par une gestion bureaucratique, aux contradictions du « management culturel et participatif ». De leur côté, les salariés hésitent à troquer la protection relative dont ils bénéficiaient contre plus d'autonomie.

1. Critiques de la « culture d'entreprise »

Les critiques de la « culture d'entreprise » relèvent de deux catégories principales. La première refuse de voir dans la culture un mécanisme de régulation des interactions humaines capable d'obtenir la cohésion : l'organisation n'a jamais été et ne sera jamais homogène. Pour la seconde, une « culture forte », impliquant une adhésion totale et sans réserve de tous les salariés, serait, avant tout, un obstacle à l'autonomie.

L'organisation toute-puissante

Les critiques de la « culture forte » ont remis à l'ordre du jour l'image de l'organisation comme une « institution totale ». Erving Goffman [1968] entendait par là une institution ayant un contrôle total sur la vie de ses membres (*cf.* p. 39). Un même lieu regroupe ou représente toutes les dimensions de la vie et les activités quotidiennes n'ont de sens que ramenées à un plan global ordonné et programmé par une autorité centrale.

Pour les critiques de la « culture d'entreprise », si l'ensemble des aspects soulignés par Goffman ne s'applique pas aux organisations actuelles, le salarié n'en est pas moins appelé à « appartenir » à l'organisation. L'abandon de l'identité individuelle, par exemple, évoquerait un autre concept de Goffman, « la mort à soi-même » (ou mortification). Avec l'affaiblissement des autres espaces de socialisation et de construction de l'identité, l'organisation (ou l'entreprise) serait devenue *le* lieu où l'individu construit un sens à son action [Bowles, 1990].

L'importance attachée aux mécanismes de contrôle qui exigent une identification totale des salariés à leur entreprise conduit celle-ci à proposer de plus en plus d'activités et de services. Ainsi, il n'est pas rare que les organisations fournissent cantine, cafétéria, salle de gymastique et divers services : l'individu est appelé à assouvir tous ses besoins dans un même cadre.

• *La colonisation de la pensée.* — Les adeptes de la « culture d'entreprise » voulaient sortir de l'opposition entre « eux » (la direction) et « nous » (les salariés), éternel problème des relations industrielles. Denys Cuche y voit une forme de retour à l'ancien « esprit maison » [Cuche, 1996, p. 101]. Pour obtenir des comportements conformes, la sélection des salariés et le système de contrôle deviennent plus sévères. Le management scientifique fondait sa légitimité sur des « connaissances scientifiques rationnelles ». Avec la « culture d'entreprise », le management se déplace de la technologie qui guidait le corps et de la science qui dictait la meilleure façon de faire, à la culture qui contrôle les idées et dicte la meilleure façon de penser : il s'agirait d'une « colonisation de la pensée » [Alvesson et Deetz, 1996].

Selon ces critiques, le langage de l'entreprise tend à devenir le seul outil dont disposent les salariés pour interpréter le monde et formuler leurs aspirations. La définition de la « réalité » proposée par l'organisation est alors adoptée par ses membres comme une vision personnelle. Comment se distancier du « rôle organisationnel » et prendre du recul là où toute déviation est sanctionnée par une culture forte qui n'admet pas la différence ? Les pratiques et les discours managériaux risqueraient de contaminer la perception du monde et d'influencer les rapports sociaux [Kunda, 1992].

• *Le prix du consensus.* — Une « culture d'entreprise » régissant les manières de poser les problèmes et de les résoudre est également soupçonnée d'être un obstacle au changement, en perpétuant les manières de résoudre les problèmes et les méthodes en vigueur. S'ils finissent par intérioriser la grille de lecture qui leur est proposée par la direction, les salariés pourront-ils encore développer l'esprit critique, les idées nouvelles et la « capacité à résoudre des problèmes inattendus » qui, paradoxalement, leur sont demandés avec encore plus de vigueur et d'insistance dans une conjoncture où l'adaptation de l'organisation au « changement permanent » incite à « innover » sans cesse ? La routine, l'imitation et la dépendance à l'égard des schémas organisationnels, ainsi que la surveillance par le groupe des pairs et la banalisation du contrôle ne réduisent-elles pas les capacités cognitives des individus et la variété des solutions qu'ils peuvent envisager pour chaque type de situation ? Autrement dit, l'« intelligence des affaires » (*business intelligence*) ou l'« état de veille » permanent qu'on exige des employés sont-ils compatibles avec le recours aux « cartes cognitives » proposées par la direction ? Le « management participatif » ne se réduit-il pas alors à faire adhérer les salariés à des objectifs déjà définis, alors que l'*empowerment* consisterait à participer à la définition même des problèmes et des objectifs ? De même, l'insistance sur la cohésion ne risque-t-elle pas d'empêcher le débat et la discussion, laissant des problèmes non résolus et créant des hostilités latentes sous une apparente harmonie ? Il ne s'agit là que de quelques-unes des nombreuses questions que se posent les sceptiques.

« Culture forte » ou « politique de l'autruche » ?

L'excès de zèle dont font preuve certains managers pour éviter ou nier le conflit peut aboutir à une impasse en empêchant la confrontation des points de vue. C'est ce qu'observe Linda Smircich [1983] dans une compagnie américaine d'assurances qui s'adresse à une clientèle venant du secteur agricole. La direction a adapté ses valeurs à celles du monde rural, en insistant, entre autres, sur l'esprit de coopération et de solidarité, et en recourant à une symbolique relevant de l'agriculture : « Nous cultivons l'amitié. » Or, malgré des apparences d'harmonie et de paix, le malaise et le climat d'extrême tension qui régnaient au sein de cette organisation n'ont pas échappé à Smircich. Elle découvre que la compagnie avait traversé une crise quelques années auparavant, suivie d'un changement de direction et du recrutement de professionnels venant d'une compagnie concurrente. Fort de son professionnalisme, le groupe « extérieur » voulait imposer « ses » méthodes, créant ainsi des tensions.

Pour forcer les deux groupes à enterrer la hache de guerre, le directeur multipliait les actions symboliques : une roue, accompagnée du slogan « Pédalons ensemble », était destinée à encourager la coopération. La pression était telle que les conflits ou les désaccords ne trouvaient aucun lieu ni moyen d'expression. En l'absence d'un débat, la frustration, voire la colère l'emportaient. D'autres salariés prenaient la situation avec plus d'humour, prétendant que les roues de l'organisation ne tournaient pas dans le même sens. Ne pouvant être discutés sur la scène publique, les problèmes ne s'exprimaient qu'en privé et restaient sans solution.

Ainsi, depuis les années quatre-vingt, dans les milieux managériaux où l'on croit au « management culturel et participatif », on privilégie simultanément l'initiative et la capacité à proposer des innovations grâce à une « culture » favorisant le changement, et l'exigence de rendre les comportements prévisibles grâce à une culture du consensus. Les organisations attachées à la « culture d'entreprise » arriveront-elles à concilier le besoin de compter sur la « conformité » de leurs salariés et, en même temps, sur leur créativité ?

Nouveaux rapports au temps, à l'espace, aux autres et la culture

À l'opposé de cette vision d'une « culture d'entreprise » envahissante ou bloquante, on trouve celle qui doute de sa capacité à servir de « ciment ». On fait remarquer alors que, dans un contexte où les frontières « géographiques » de l'organisation cessent de délimiter le lieu exclusif d'intervention des salariés, ceux-ci n'ont plus les mêmes rapports au travail, à l'espace, au temps et aux autres. Dès lors, le « management culturel et participatif » ne saurait concerner qu'une partie des salariés, et de nouvelles stratégies resteraient à inventer pour les autres.

L'organisation est confrontée désormais à une remise en cause de son mode de fonctionnement, qui était défini par le rassemblement des salariés dans un même espace et par la prise en compte des périodes de présence dans cet espace comme critère de leur contribution. L'affaiblissement de l'articulation entre l'espace et le temps de travail conduit à une plus grande perméabilité des frontières, d'une part entre le travail et l'après-travail et, d'autre part, entre travail et non-travail. Le lieu de travail n'est plus forcément partagé (ou, du moins, pas aux mêmes moments) ni toujours bien séparé d'avec les lieux du non-travail.

L'espace du lieu de travail se rétrécit en changeant de structure (aplanissement de la pyramide hiérarchique et émergence des « structures éphémères ») et perd ses bornes et repères physiques et matériels : l'« entreprise territoire » cède la place à « l'entreprise nomade » dotée de « bureaux virtuels » (*cf.* chap. III). Le rapport au temps change également. Certaines catégories de salariés ont vu leur outil de travail devenir déplaçable à l'envi grâce à l'informatique, aux ordinateurs portables et aux nouvelles technologies de la communication. Se prêtant à une utilisation modulable dans le temps, de tels outils offrent la possibilité de contourner l'obligation de la présence physique. On peut noter le passage d'un « temps lié à l'espace » à un « temps flottant dans l'espace », qui n'appartient pas à un lieu précis et qui est vidé de sa dimension spatiale. Enfin, si les connaissances et les savoir-faire professionnels peuvent être utilisés dans tous les temps-espaces de vie jadis séparés (en *professionnel, social, familial, personnel*), les frontières entre les différents temps et lieux pourraient progressivement s'effacer. Dès lors, la conscience d'appartenances multiples et interpénétrées pourrait augmenter, affaiblissant ainsi l'« identité d'entreprise ». Malgré la nouvelle philosophie managériale, les stratégies de gestion des salariés ne se donnent pas les moyens de tisser des liens forts entre le salarié, son entreprise et ses collègues.

La multiplicité des identités et la diversité des attitudes et des rapports au travail sont loin d'être un élément nouveau dans l'organisation (*cf.* chap. IV). Mais tant qu'on parlait de « microcultures » [Liu, 1981] ou d'« identités au travail », leur coexistence allait de soi. Le problème des relations entre ces niveaux et la « culture d'entreprise » est loin d'être résolu dans une organisation où l'hétérogénéité des statuts ne cesse de s'accroître.

Le scepticisme des sociologues à l'égard de l'homogénéité de l'organisation est tel que Melville Dalton [1959] avait tenu à démontrer son absence, même parmi la catégorie des « managers ». Les sociologues rencontrent plus facilement des situations de conflit que de consensus !

De la multiplicité des identités et des rapports au travail

L'hypothèse d'une « culture d'entreprise forte » créée, développée et transmise par le management pour être utilisée comme un instrument d'efficacité paraît peu plausible aux sociologues. Ils préfèrent insister sur la diversité organisationnelle plutôt que sur l'existence d'une structure cognitive et d'un schéma de référence communs. Ils attirent l'attention sur le fait que dans leur confrontation à d'autres groupes ou à la direction, les obligeant à adopter des stratégies de défense, les salariés prennent conscience de leur « identité au travail », développent des manières de résoudre les problèmes et des formes particulières d'interaction, qualifiées parfois de « sous-cultures », dans la mesure où ces aspects permettent de les distinguer des autres groupes [Trice et Morand, 1991]. En outre, les salariés n'ont pas tous le même type de rapport au travail. Pour nombre d'entre eux, le travail peut n'être qu'un moyen plutôt qu'une fin en soi (*cf.* chap. II).

À partir d'enquêtes réalisées sur de nombreux services administratifs et dans des usines, Renaud Sainsaulieu [1977] a retenu notamment quatre types de comportement ou d'identification. Chez les OS (ouvriers spécialisés), les représentations collectives renvoyaient à un « modèle fusionnel des relations » servant de refuge contre les divergences. Chez les OP (ouvriers professionnels) ou les employés, ainsi que chez certains agents techniques et cadres, on observait une recherche de relations interpersonnelles, avec l'acceptation des différences et du débat. Chez les cadres ou agents techniques se trouvant dans des situations de mobilité socioprofessionnelle, des affinités sélectives marquaient la vie relationnelle, écartant ainsi toute idée de groupe. Dans les situations où le travail était vu comme une nécessité économique, les relations de travail étaient superficielles et l'attitude de retrait prédominait. La « culture du retrait » consistait à refuser les relations affectives et cognitives avec les collègues, à vivre le travail exclusivement à partir des règles et statuts, pour s'investir totalement dans l'univers hors travail (jeunes ouvriers et employés intéressés par les loisirs, salariés d'origine paysanne qui sont encore bien intégrés dans leur commune).

Si les différences obervées dans les attitudes et les comportements des salariés renvoient aux différences des rapports au travail, il semble difficile de séparer l'identité et le rapport au travail de l'identité sociale et de la vie hors travail (voir aussi [Goldthorpe et *al.*,1968]). Gouldner [1954] avait déjà montré que chez General Gypsum Co. les différentes catégories de salariés n'avaient pas les mêmes orientations. À la fin des années quarante, quand il mène cette étude, le concept de culture n'est pas encore appliqué à l'analyse des organisations. Mais ses travaux permettent de conclure à l'absence d'une culture unique au sein de cet établissement où coexistaient des mineurs et des ouvriers formant « deux mondes opposés ». Chacun de ces « mondes » exerçait une forme différente d'influence sur les comportements respectifs des siens. Les différences dans les valeurs, objectifs et aspirations se répercutaient dans les styles de vie de ces deux catégories de salariés.

Tout en se nourrissant de la réalité matérielle du travail, de sa nature et de ses conditions, ces différences se prolongeaient au-delà du travail, dans les formes d'interactions sociales qui, à leur tour, influençaient les relations de travail. Dans leurs normes de consommation, leurs loisirs et leurs relations sociales, les mineurs restaient fidèles à la tradition ouvrière tandis que les ouvriers de l'usine avaient développé des valeurs et des attitudes « petites-bourgeoises ». Ces deux « mondes sociaux différents » pourraient-ils « fusionner » dans une « culture d'entreprise » ?

2. Limites et contradictions de la gestion des ressources humaines

La détaylorisation et la débureaucratisation supposent une remise en cause radicale de toutes les stratégies de GRH. Or, les pratiques et les discours normatifs des managers sur les nouvelles formes d'organisation et de division du travail et sur la manière dont elles devraient mobiliser les savoir-faire ne font pas toujours montre de cohérence. Lorsqu'il s'agit de la gestion des salariés et de leurs rapports à l'organisation, entre flexibilité (pour empêcher les salariés de « se fixer ») et loyauté (pour les lier corps et âme à l'organisation), vulnérabilité et responsabilisation, précarisation et fidélisation, ou encore entre les nouvelles capacités développées par les salariés et le blocage du « marché intérieur » de l'entreprise pour les promotions, l'« internalisation des compétences » et la « disparition des frontières organisationnelles », l'encouragement des « nouvelles formes de contribution » et l'impossibilité de les « reconnaître » par des principes de rémunération plus adéquats, ce ne sont pas les contradictions qui manquent.

Tâtonnements dans la redéfinition des principes de rémunération

Les salaires individuels étaient pensés par rapport à un poste de travail bien défini, facilement identifiable à partir de la description des tâches et de la spécification des responsabilités qui y étaient attachées. On pouvait les situer dans des « grilles » et les comparer. Du fait de leur transparence, ces données étaient acceptées par les salariés. Or, le « poste de travail » ne rend plus compte des nouvelles formes de contribution que l'on attend des salariés. Ils sont invités à être polyvalents, à avoir une vue d'ensemble, à se réaliser en équipe, à résoudre des problèmes et à comprendre, par analogie, par comparaison et grâce à l'abstraction, des situations complexes diverses. Ils doivent « franchir les frontières de leur poste » et celles de leur organisation.

D'autres éléments qui servaient à mesurer leur contribution perdent également leur pertinence. L'interpénétration des différents temps appartenant à différents lieux et à des vécus jusque-là séparés, ainsi que les modifications de la nature et du contenu du travail remettent en cause le principe de la rémunération calculée sur le seul temps passé dans un « bureau » qui deviendrait « virtuel ».

Les critères de rémunération devenant de plus en plus obsolètes, les organisations tâtonnent à la recherche de nouvelles solutions. Le salaire variable, par exemple, semblait offrir une formule acceptable. Il est fonction de la performance individuelle (ou de groupe) : la part fixe (salaire de base) est réduite au profit de diverses primes qui s'y ajoutent. Or, les primes de performance brouillent les liens entre le montant des revenus et le statut au travail et créent des tensions en déconnectant la hiérarchie des salaires de celle des statuts. De même, le salaire au « mérite » augmente le pouvoir du chef direct en consolidant les structures hiérarchiques existantes. Enfin, la stratégie consistant à partager les bénéfices reste, elle aussi, difficile à mettre en place, car elle suppose que le management puisse instaurer une coopération sans faille entre des équipes venant d'unités et de métiers différents, et, surtout, qu'il initie les employés aux données comptables et à leurs modes de calcul [Moss-Kanter, 1990 ; Pfeffer, 1997].

Et l'on n'a pas encore répondu aux appels de ceux qui invitent les systèmes comptables à intégrer les « ressources humaines » dans l'évaluation des ressources de l'organisation en affirmant que la créativité, l'imagination, l'intuition des salariés sont autant d'atouts supplémentaires pour celle-ci.

Quelques « dilemmes »

Non seulement les modalités de contribution que l'on attend des salariés et leurs modes d'évaluation sont déconnectés, mais les diverses formules de GRH ressemblent davantage à des dilemmes qu'à des solutions. Elles n'ont pas encore réussi à articuler les composantes nécessaires à un nouveau compromis.

• *Travail d'équipe/évaluation individuelle.* — Il est généralement admis que, grâce à la dynamique de groupe et à l'amélioration de la communication, le travail d'équipe augmente l'aptitude des salariés à résoudre des problèmes. Il est alors légitime de penser qu'un « cercle de qualité » ou un « groupe de progrès » contribuent à améliorer les compétences : « C'est un certain fonctionnement d'ensemble qui garantit à l'employeur la qualité du travail individuel. Réciproquement, c'est par son insertion dans un ensemble que l'individu détient des compétences rares » [Reynaud, 1988, p. 84].

Or, si la compétence résulte partiellement des interactions des membres d'une équipe, son évaluation continue à se faire au niveau individuel. Les regards se tournent alors vers l'individu, sur ce qu'il est capable de faire. Pour assurer et orienter leur carrière, les salariés ne peuvent plus compter sur l'organisation. Cette dernière fournit tout au plus des programmes de formation et de mise à niveau [Gazier, 1997].

Ils ne peuvent pas non plus attendre des syndicats qu'ils continuent à défendre et à revaloriser certaines qualifications.

En même temps, l'instabilité de la conjoncture économique et la diversité des statuts favorisent des comportements individualistes caractérisés par la manifestation de l'agressivité et du « profil gagnant ». Dans un tel climat de rivalité et de suspicion, quelles sont les perspectives pour la poursuite de la solidarité, de la confiance et de la communication, autant d'aspects qui semblent déterminants dans le travail en équipe et la mise en commun des compétences que l'on continue à encourager ?

• *Internalisation des compétences/mobilité forcée.* — Acquises, en partie, dans des « groupes de travail » et au sein d'un contexte organisationnel donné, les « nouvelles compétences » ne rencontrent pas une appréciation adéquate. Des critères d'évaluation complexes et illisibles se multiplient. Certaines entreprises continuent à utiliser les qualifications de base retenues par les conventions collectives en procédant à quelques adaptations « locales ». Elles fournissent à leurs salariés les savoir-faire nécessaires à leurs besoins spécifiques tout en leur dispensant une formation pertinente pour l'ensemble du secteur d'activité dont elles relèvent. D'autres, au contraire, se contentent de prévoir une formation répondant exclusivement aux besoins d'un poste précis. Reconnues surtout par une entreprise donnée, dans le cadre d'un contrat individualisé, de telles « compétences », désignées par un code de classification spécifique à l'entreprise, deviennent difficilement transférables. Se pose ainsi le problème de l'« employabilité » dans le « marché extérieur » tandis que se renforcent les appels à la mobilité des salariés par référence à la « situation des marchés ». D'un autre côté, avec l'« employabilité » on n'est pas très loin de l'« interchangeabilité », ce qui serait une négation des interactions entre l'excellence de la « culture d'entreprise » et l'utilisation efficace des compétences dont font preuve les « ressources humaines ». Où se forment alors les compétences ? À quel niveau doivent-elles être évaluées ?

• *Implication/précarisation.* — Le « management culturel et participatif » suppose un contexte de stabilité assuré par l'entreprise et un engagement à long terme de la part des salariés. Pourtant, c'est pour s'adapter à des marchés fluctuants, pour répondre au besoin d'innovation technologique et organisationnelle et pour faire face aux contraintes changeantes et au manque de temps que les organisations se sont tournées vers leurs « ressources humaines ». Ce sont également ces mêmes contraintes, évoquées pour exiger des salariés plus intelligents, qui sont mises en avant pour réduire les effectifs ou, du moins, pour ne les utiliser qu'en fonction des besoins. Ainsi, si d'un côté les salariés sont appelés à déployer de nouveaux talents, de l'autre, ils font face à l'incertitude de leur carrière, dont la trajectoire peut être interrompue à tout moment. La sécurité de l'emploi s'envole pour être remplacée par le principe d'une reconsidération permanente des termes du contrat entre les parties, au nom de la flexibilité.

La reconfiguration (*reengineering*), qui fait partie des stratégies visant à utiliser les ressources de manière plus efficace, a souvent permis de réduire les besoins en effectifs en mettant en évidence les postes et les compétences dont l'organisation pourrait se passer. C'est parce qu'ils pensent échapper, de la sorte, à un licenciement immédiat, que nombre de salariés participent à ces expériences, dont ils continuent pourtant de craindre les effets à moyen terme.

Quel degré d'implication et de participation peut-on espérer d'individus qui ne se sentent plus protégés ? Car, dans les années quatre-vingt, lorsque fut empruntée à l'expérience japonaise l'idée d'intégrer la « culture » parmi les outils de management, c'est souvent le couple « protection-loyauté » qui était évoqué au sein de l'« entreprise famille ». C'est également parce qu'elle a la réputation de protéger le salarié que l'organisation bureaucratique perdure.

Qui a peur de la bureaucratie ?

Les organisations qui veulent sortir de la gestion bureaucratique contraignent leurs salariés à passer d'un milieu protégé à un milieu « ouvert à la concurrence », avec les modifications que cela entraîne dans les critères d'évaluation. Si quelques salariés saisissent la perche que les nouvelles formes de GRH leur tendent pour améliorer leur situation, d'autres refusent de jouer ce jeu.

Les salariés résistent souvent aux nouvelles formes d'évaluation. Tout d'abord, ils doutent que toutes les dimensions de leur apport à l'organisation soient mesurables et effectivement mesurées. Ensuite, ils savent que le système bureaucratique leur évitait le stress d'être soumis à un examen régulier destiné à évaluer l'évolution de leurs capacités et de leurs efforts personnels. La gestion bureaucratique des relations de travail leur semblait sécurisante. Même leurs « chefs » n'apprécient guère ce face-à-face, alors qu'ils avaient l'habitude de trouver refuge dans leur bureau.

Parmi les organisations ayant tenté des expériences de débureaucratisation, la SNCF, pour se préparer à l'ouverture à la concurrence, a opté pour le recrutement de managers professionnels qui encouragent le passage d'une « culture technique » à une « culture du marché ». La gestion bureaucratique du personnel et des carrières étant progressivement remise en cause, les cheminots n'ont pas hésité à marquer leur désaccord avec les nouveaux choix de la direction.

SNCF : promotion à l'ancienneté ou au mérite ?

Lorsque la direction de la SNCF introduit, au début des années quatre-vingt-dix, des stratégies managériales permettant de mieux exploiter les potentialités offertes par le logiciel Socrate (système offrant à la clientèle des réservations d'affaires et de tourisme en Europe), la résistance des cheminots ne tarde pas à se manifester. La direction souhaite instaurer par exemple des « équipes de vente » encadrées par un chef d'équipe (« management de proximité »).

L'incitation de ces équipes à augmenter leur productivité (qui transparaissait à travers la volonté de comparer leurs résultats et leurs performances en termes de chiffres d'affaires ou de nombre de clients servis) suscite beaucoup de craintes. Parallèlement à cette réorganisation, un nouveau plan laisse entendre que l'évaluation des agents tiendra compte, désormais, des performances individuelles : la promotion pourra dépendre moins de l'ancienneté que de la compétence. Le chef d'équipe est bien placé pour donner les informations nécessaires à l'évaluation de ses agents dont il a l'occasion de surveiller le travail et de juger les aptitudes.

Or, lorsque la commission d'évaluation intègre le facteur « mérite » dans la décision de promotion, les syndicats perdent l'une de leurs fonctions et n'ont plus de contrôle sur la situation. L'entretien avec le supérieur hiérarchique fait également peur aux employés qui craignent une notation « à la tête du client ». Si, individuellement, les employés trouvent que la promotion à l'ancienneté est frustrante pour les plus zélés, globalement ils revendiquent la protection par des règles d'évaluation universelles, objectives, impersonnelles et neutres [Bagla-Gökalp, 1997b].

Les résistances à la débureaucratisation peuvent également émaner des catégories managériales, surtout lorsque l'apparition de nouveaux profils managériaux menace leurs compétences et fragilise leur pouvoir. Le cas de Detroit Edison (DE), une centrale électrique dans le Michigan en est un exemple [Denison, 1990].

La résistance au changement

La direction de Detroit Edison est composée d'ingénieurs maîtrisant les savoir-faire nécessaires. L'organisation opère dans un environnement prévisible et répond à l'augmentation de la demande en électricité par un accroissement des capacités. Or, dans les années soixante-dix, la crise de l'énergie, la montée du nucléaire et la dérégulation, qui s'accompagne de l'ouverture à la concurrence, changeront les règles du jeu. DE est désormais obligée de résoudre ses problèmes internes en tenant compte d'un ensemble de données sociales, politiques, environnementales, juridiques. Les connaissances techniques des ingénieurs ne suffisant plus à faire face à ces transformations, la direction de DE préfère recruter des managers professionnels, mieux à même de réduire les coûts à court et à long terme et d'affronter la nouvelle législation, la Commission du service public, la Commission de la réglementation nucléaire et d'autres organismes auxquels il faut rendre des comptes.

Des conflits éclatent entre les ingénieurs, dont le pouvoir était de type technique et rationnel, et les nouveaux professionnels du management, dont le pouvoir est de type financier et politique, conformément à la nouvelle tendance dans les directions des organisations [Pfeffer, 1997, p. 23]. Coincés entre ces nouveaux experts et le nucléaire, les ingénieurs perdent leur autonomie et leur pouvoir. Leur carrière est bouleversée par les nouvelles règles de promotion et de GRH.

Le même phénomène de résistance à la débureaucratisation et à la redéfinition du pouvoir est observé chez le personnel d'encadrement au niveau des ateliers. Le rôle du contremaître, par exemple, est également transformé [Le Goff, 1996]. On attend de ce dernier (devenu un *coach*, un « animateur d'atelier » ou de « zone ») une révolution comportementale. On lui demande d'être capable de motiver et de conseiller plutôt que de surveiller et punir. Il doit comprendre la psychologie de ceux qu'il anime, apprendre à interpréter des indicateurs, à faire la synthèse de situations disparates pour développer une vision d'ensemble et, surtout, il doit savoir communiquer. Or, il n'est pas (encore) formé pour faire face à ces nouvelles exigences. Autrement dit, il voit les bases traditionnelles de son pouvoir disparaître alors qu'il n'a pas toujours les moyens de remplir son nouveau rôle.

Même en Allemagne où, comparés à leurs homologues français, on estime les contremaîtres mieux préparés à jouer leur rôle d'animateur [Maurice, Sellier et Silvestre, 1982], le changement n'est pas toujours facile. Dès les années soixante-dix, un constructeur de moteurs a dû lancer un plan de formation accompagné d'un manuel destiné aux contremaîtres pour neutraliser leur résistance aux changements introduits par l'informatisation et l'automatisation [Klein et Eason, 1992].

Organisations et société : où est passé le « lien social » ?

Dans les pays industrialisés, la période de prospérité qui a suivi la Seconde Guerre mondiale s'est caractérisée par une situation de (quasi) plein emploi (à vie) allant de pair avec une production de masse à technologie stable et une certaine rigidité de la division du travail dont on dénonçait le caractère « aliénant » et les liens avec l'« exploitation des travailleurs ». Ces critiques semblent céder la place à une relecture indulgente des formes de gestion des salariés et des rapports de travail qui caractérisaient cette période, dont certains ont déjà la nostalgie au point de n'en voir que la cohérence et les nombreux avantages.

Avec les nouvelles donnes en matière de technologie, de division internationale du travail (qui prend la forme d'une « globalisation »), de composition sectorielle de l'économie (qui se matérialise par une « tertiarisation »), de relations entre grandes et petites entreprises, d'externalisation et de recours à la sous-traitance, on assiste au développement des formes atypiques de contrats de travail ainsi qu'à l'émergence de nouvelles formes d'emploi, y compris le retour au travail à domicile (dont le télétravail). Les statuts des salariés se multiplient (contrats à durée déterminée ou CDD, contrats à durée indéterminée ou CDI, intérimaires, travailleurs à temps partiel, saisonniers, stagiaires, contrats emploi-solidarité ou CES, et autres statuts précaires). Dans les années soixante-dix, les organisations chantaient un air de liberté. Les mouvements de l'« humanisation » du travail se sont vite essoufflés face aux discours/actions sur les fameuses « contraintes économiques ». Entre les entreprises qui suppriment des milliers d'emplois ici et là et celles qui se veulent « citoyennes » en mettant en avant l'éthique à travers des stratégies « vertes » ou de nouvelles règles de gouvernance, la société civile est interpellée. Par ailleurs, si la plupart des salariés ont vu leur temps de travail se réduire au nom de la création d'emplois, d'autres affrontent le phénomène de précarisation (le fameux phénomène des *working poors*).

Pour nombre d'intellectuels inquiets, on n'arrive plus à concilier ni la technologie avec le bien-être de tous, ni l'économie avec la société. S'interrogeant sur la pertinence des principes d'organisation de la vie économique et des critères de répartition des ressources, ils nous invitent à réfléchir aux formes et aux contenus du travail, à sa durée, à sa signification ou aux nouveaux critères de partage des ressources en cas de pénurie d'emplois permanente. Face aux nouvelles formes de l'emploi et aux mutations du travail, certains penseurs se demandent même si l'on parle encore de la même chose [MAUSS, n° spécial, printemps 2001 ; Terrier et Poltier, 2002]. Nous serions dans une société *post-salariale* produisant en masse de l'« exclusion », de la marginalisation, ou, comme l'affirme Robert Castel [1995], une *désaffiliation*. D'où les appels pour une nouvelle articulation de l'économique et du social et un nouveau contrat social. Des idées telles que la pluriactivité continuent de circuler. D'autres chercheurs et universitaires annoncent la crise des fonctions qu'assumait l'État-providence, pour se rassurer toutefois en constatant le renforcement des identités locales, la création de réseaux de solidarité au sein de communautés locales et le développement de la vie associative. Certains préconisent l'invention d'espaces intermédiaires entre le marché et la sphère domestique, ou encore la création d'une « économie sociale » et l'adoption de comportements plus solidaires et plus écologiques (pour un aperçu de ces débats, voir [Klein et Lévesque, 1995 ; MAUSS, n° spécial 18, 2001 ; *Sociologie du travail*, n° spécial 4, 2000]).

Les pratiques organisationnelles deviennent illisibles en l'absence d'interprétations cohérentes, entre le diagnostic du « post-taylorisme », où le taylorisme serait dépassé, et celui du « néo-taylorisme », où il serait renforcé, ou encore entre l'urgence d'enterrer définitivement la bureaucratie qui, tel le phénix, renaîtrait toujours de ses cendres, et la nostalgie de la protection qu'elle assurait. De même, salariés et futurs salariés ne savent plus quel scénario choisir entre, d'une part, l'« échec de l'entreprise » et la « fin du travail » et, d'autre part, l'importance accrue de l'entreprise qui serait désormais à même de « contribuer à l'évolution sociétale », en passant par les propositions pour la création d'emplois imaginées par des intellectuels ou des politiciens qui s'adressent tantôt à l'État, tantôt aux entreprises, parfois à la société civile dont ils attendent plus de créativité.

Cette schizophrénie des débats sociaux, qui mobilisent journalistes, chercheurs, politiciens, managers et représentants des salariés, est révélatrice d'un malaise face aux mutations de l'organisation et de l'emploi. Tandis que les entreprises se disent préoccupées par leur survie, sous les regards inquiets des salariés, et que la société civile s'interroge sur l'organisation de demain, qui reste à définir, les sociologues de l'organisation et du travail se trouvent dans une situation comparable à celle qu'avaient connue les fondateurs de leur discipline. Tous les ingrédients sont là pour un renouveau.

Repères bibliographiques

ALVESSON M., *Understanding Organizational Culture*, Sage, Londres, 2002.

ALVESSON M. et BERG P. O., *Corporate Culture and Organizational Symbolism*, Walter de Gruyter, Berlin, 1992.

ALVESSON M. et DEETZ S., « Critical Theory and Postmodernism Approaches to Organizational Studies », *in* S. R. CLEGG, W. HARDY et T. NORD (éds.), 1996, p. 191-217.

AOKI M., « Towards an Economic Model of the Firm », *Journal of Economic Literature*, 28, 1990, p. 1-27.

ARBUZ G. et DEBROSSE D., *Réussir le changement de l'hôpital*, InterÉditions, Paris, 1996.

ARCIER A. (éd.), *Le Quotient féminin de l'entreprise*, Village Mondial, Paris, 2002.

ARNSPERGER C. et VON PARIJS P., *Éthique économique et sociale*, La Découverte, « Repères », Paris, 2003, nouvelle édition.

AUBOURG G. et DE MOURA H., *L'Aménagement du temps de travail : les 35 heures*, De Vecchi, Paris, 2002.

AZOULAY H., *Remettre l'entreprise au cœur de la société*, Éditions d'Organisation, Paris, 2002.

BACHARACH S. B. et LAWLER E. J., *Power and Politics in Organizations*, Jossey Bass Publishers, San Francisco, 1980.

BAGLA-GÖKALP L., *Entre terre et machine. Industrialisation et travail des femmes*, L'Harmattan, coll. « Logiques sociales », Paris, 1993.

BAGLA-GÖKALP L., « Le chercheur et son instrument : changement des techniques de mesure et des pratiques scientifiques en mécanique des fluides », *Revue française de sociologie*, vol. 37, n° 4, 1996, p. 537-566.

BAGLA-GÖKALP L., « Controlling and Negotiating Uncertainty : The Design of Temperature Sensors for a Rocket Engine », communication présentée à la rencontre « Les sciences pour l'ingénieur en France et aux États-Unis », Lyon, 11-12 mars, 1997a.

BAGLA-GÖKALP L., « Management and Labour in Transition : The Case of French Railways », *in* E. H. BAX (éd.), *Economic and Technological Developments and Employment*, Conference Proceedings, 1997b, vol. 3, p. 337-359 (Management at a Crossroads, Groningue, 10-12 septembre).

BAGLA L., « Dessine-moi une organisation », *in* M. NIKITIN (éd.), *Modéliser le fonctionnement des organisations ?*, L'Harmattan, Paris, 2002, p. 185-216.

BALANDIER G. et MERCIER P., « Le travail dans les régions en voie d'industrialisation », *in* F. FRIEDMANN et P. NAVILLE, *Traité de sociologie du travail*, Armand Colin, Paris, 1964, vol. 2, p. 282-304.

BALICCO C., *Pour en finir avec le harcèlement psychologique*, Éditions d'Organisation, Paris, 2001.

BALLET J. et DE BRY F., *L'Entreprise et l'éthique*, Seuil, Paris, 2001.

BANNER D. K. et GAGNE T. E., *Designing Effective Organizations : Traditional and Transformational Views*, Sage, Londres, 1995.

BAUM J.A.C. et MCKELVEY B. (éds.), *Variations in Organizational Science*. In Honor of D. T. Campell, Sage, Londres, 1999.

BEFFA J.-L., « Gouvernance d'entreprise ou régime de gestion ? Les grandes entreprises de l'Europe continentale au fondement de la citoyenneté industrielle », *Revue d'Économie Politique*, n° 4, juillet-août 2002, p. 463-469.

BERGER P. et LUCKMAN T., *La Construction sociale de la réalité*, Méridiens Klincksieck, Paris, 1992 (1986).

BESSIRE D., « Gestion de l'immatériel : fondements d'une méthodologie générale d'évaluation et de contrôle », *Revue Sciences de Gestion*, n° 28, printemps 2001, p. 137-168.

BIJKER W. E., HUGHES T. P., et PINCH T. (éds), *The Social Construction of Technological Systems : New Directions in the Sociology and the History of Technology*, MIT Press, Cambridge, Mass., 1987.

BLAU P. M., *The Dynamics of Bureaucracy*, University of Chicago Press, Chicago, 1955.

BLAU P. M., « Orientation towards Clients in a Public Welfare Agency », *Administrative Science Quarterly*, 1960, p. 341-361.

BLAU P. M. et SCOTT W. R., *Formal Organizations : A Comparative Approach*, Chandler Publishing Co., San Francisco, 1962.

BLONDEL D., « Le capital immatériel au cœur de la nouvelle économie », *Vie & Sciences Économiques*, n°s 157-158, printemps 2001, p. 49-56.

BORJA DE MOZOTA B., *Design management*, Éditions d'Organisation, Paris, 2001.

BOUGEN P., « Accounting and Labour : Integrations and Disintegrations », *in* A. G. HOPWOOD et P. MILLER (éds.), 1994, p. 138-167.

BOUTILLIER M. *et al.*, « Financement et gouvernement des entreprises. Exceptions et convergences européennes », *Revue d'Économie Politique*, n° 4, juillet-août 2002, p. 499-544.

BOWLES M. L., « Recognizing Deep Structures in Organizations », *Organization Studies*, vol. 11, n° 3, 1990, p. 395-412.

BOYER A. (éd.), *L'Impossible Éthique des entreprises. Réflexions sur une utopie moderne*, Paris, Éditions d'Organisation, 2002.

BOYER R., « Les transformations du rapport salarial dans la crise : une interprétation de ses aspects sociaux et économiques », *Critiques de l'économie politique*, n°s 15-16, avril-juin 1981, p. 185-228.

BREEN K. et DURAND C., *Métro, boulot, machos : enquête sur les insultes sexistes au travail*, Plon, Paris, 2002.

BURAWOY M., *Manufacturing Consent*, University of Chicago Press, Chicago, 1979.

BURLAUD A. et SIMON J.-C., *Le Contrôle de gestion*, La Découverte, « Repères », Paris, 1997.

BURNS T. et STALKER G. M., *The Management of Innovation*, Tavistock, Londres, 1961.

BURRELL G. et MORGAN G., *Sociological Paradigms and Organizational Analysis*, Heinemann Educational Books, Londres, 1979.

CALLON M., *La Science et ses réseaux*, La Découverte, Paris, 1989.

CASEY C., *Critical Analysis of Organizations : Theory, Practice, Revitalization*, Sage, Londres, 2002.

CASTEL R., *Les Métamorphoses de la question sociale*, Fayard, Paris, 1995.

CASTELLS M., *La Société en réseaux*, Fayard, Paris, 1998 (1996).

CHAMBERS J. D., « The Rural Domestic Industries during the Period of Transition to the Factory System, with Special Reference to the Midland Counties of England », *Deuxième Conférence internationale d'histoire économique* (Aix-en-Provence, 1962), Mouton & Co, Paris-La Haye, 1965, vol. 2, p. 429 et s.

CHAMI R., COSIMANO T.F. et FULLENKAMP C., « Managing Ethical Risk : How investing in Ethics add Value », *Journal of Banking & Finance*, septembre 2002, p. 1697-1718.

CHANDLER A. D. Jr., *Strategy and Structure : Chapters in the History of Industrial Enterprise*, MIT Press, Cambridge, Mass., 1962.

CHANDLER A. D. Jr., *The Visible Hand. The Managerial Revolution in American Business*, Harvard University Press et Belknap, Cambridge, Mass., 1977.

CHAPMAN S. D., « Worker's Housing in the Cotton Factory Colonies, 1770-1850 », *Textile History*, 7, 1976, p. 112-139.

CHAZEL F., « Pouvoir », *in* R. BOUDON, *Traité de sociologie*, PUF, Paris, 1992, p. 195-226.

CHEVALIER J.-M. *et al.* (éds.), *Les Stratégies d'entreprise dans les nouvelles régulations*, PUF, Paris, 2002.

CLARK G. W., « Machine-shop Engineering Roots of Taylorism : The Efficiency of Machine-tools and Machinists-1865-1884 », *in* J.-C. SPENDER et H. J. KIJNE (éds.), *Scientific Management. F.W. Taylor's Gift to the World ?*, Kluwer Academic Publishers, Boston, 1996, p. 33-60.

CLAUDE J.-F., *L'Éthique au service du management*, Liaisons, coll. « Entreprises & Carrières », Paris, 2002.

CLAWSON D., *Bureaucracy and the Labor Process : The Transformation of US Industry 1860-1920*, Monthly Review Press, New York, 1980.

CLEGG S. (éd), *Central Currents in Organization Studies* (8 volumes), Sage, Londres, 2002.

CLEGG S. R., HARDY C. et NORD W. R. (éds.), *Handbook of Organization Studies*, Sage, Londres, 1996.

CLEGG S. R., HIGGINS W. et SPYBEY T., « Post-Confucianism, Social Democracy and Economic Culture », *in* S. R. CLEGG et S. G. REDDING (éds.), *Capitalism in Contrasting Cultures*, Walter de Gruyter, Berlin, 1990, p. 31-78.

COASE R., « The Nature of the Firm », *Economica*, 4, 1937, p. 386-405

COHEN M. D., MARCH J. G. et OLSEN J. P., « A Garbage Can Model of Organizational Choice », *Administrative Science Quarterly*, 17, 1972, p. 1-25.

COLE R.E. et SCOTT R.W. (éds.), *The Quality Movement and Organization Theory*, Thousand Oaks, Londres, 2000.

CRANE A., « Marketing and the Natural Environment : What Role for Morality ? », *Journal of Macromarketing*, vol. 20, n° 2, décembre 2000, p. 144-154.

CROZIER M., *Le Phénomène bureaucratique*, Seuil, Paris, 1963.

CROZIER M. et THOENIG J.-C., « La régulation des systèmes organisés complexes », *Revue française de sociologie*, vol. 16, n° 1, 1975, p. 3-32.

CROZIER M. et FRIEDBERG E., *L'Acteur et le Système*, Seuil, Paris, 1977.

CROZIER M. et FRIEDBERG E., « Organizations and Collective Action : Our Contribution to Organizational Analysis », *Research in the Sociology of Organizations*, 13, 1995, p. 71-92.

CUCHE D., *La Notion de culture dans les sciences sociales*, La Découverte, « Repères », Paris, 1996.

CYERT R. M. et MARCH J. G., *A Behavioral Theory of the Firm*, Prentice Hall, Englewood Cliffs, 1963.

DALTON M., *Men Who Manage*, Wiley, New York, 1959.

DAS T. K. et TENG B. S., « Trust, Control, and Risk in Strategic Alliances : An Integrated Approach », *Organization Studies*, n° spécial *Trust and Control in Organizational Relations*, vol. 22, n° 2, 2001, p. 251-284.

DAYAN J.-L., *35 heures – Des ambitions aux réalités*, La Découverte, « Alternatives Économiques », Paris, 2001.

DEAL T. E. et KENNEDY A. A., *Corporate Culture*, Addison Wesley, Reading, Mass., 1982.

DEJOUX C., *Les Compétences au cœur de l'entreprise*, Éditions d'Organisation, Paris, 2001.

DENISON D. R., *Corporate Culture and Organizational Effectiveness*, John Wiley & Sons, New York, 1990.

DHERSE J.-L. et MINGUET D. H., *L'Éthique ou le chaos*, Presses de la Renaissance, Montréal, 2002.

D'IRIBARNE P. *et al.*, *Cultures et mondialisation. Gérer par-delà les frontières*, Seuil, Paris, 1998.

DOERINGER P. B. et PIORE M. J., *Internal Labor Markets and Manpower Analysis*, D. C. Heath, Lexington, Mass., 1971.

DRAI R., *Science administrative, éthique et gouvernance*, Université d'Aix-en-Provence, Aix-en-Provence, 2002.

DRUCKER P. F., « The Coming of the New Organization », *Harvard Business Review*, janvier-février 1988, p. 45-53.

DRUCKER P. F., *Au-delà du capitalisme*, Dunod, Paris, 1993.

DUBAR C., « La sociologie du travail face à la qualification et à la compétence », *Sociologie du travail*, 2, 1996, p. 179-193,

DUBINSKAS F. A., « Culture and Conflict : The Cultural Roots of Discord », *in* D. KALB et J. M. BARTUNEK (éds), *Hidden Conflict in Organizations. Uncovering behind-the-scene Disputes*, Sage, Londres et Newbury Park, 1992, p. 187-208.

DUPRIEZ P. et SIMONS S. (éds.), *La Résistance culturelle. Fondements, applications et implications du management interculturel*, De Boeck Université, Bruxelles, 2002.

DUPUY F. et THOENIG J.-C., *Sociologie de l'administration française*, Armand Colin, Paris, 1983.

DURKHEIM É., *De la division du travail social*, PUF, « Quadrige », Paris, 1996 (1893).

FAYOL H., *Administration industrielle et générale*, Dunod, Paris, 1928.

FERONE G. *et al.*, *Le Développement durable*, Éditions d'Organisation, Paris, 2001.

FIORE C., *Supply chain en action : stratégie, logistique, service clients*, Village Mondial, Paris, 2001.

FRIEDBERG E., *Le Pouvoir et la Règle*, Seuil, Paris, 1993a.

FRIEDBERG E., « From Organizations to Concrete Systems of Action », *in*

S. LINDENBERG et H. SCHREUDER (éds.), *Interdisciplinary Perspectives on Organizational Studies*, Pergamon Press, Oxford, 1993b, p. 153-181.

FROMAN B., GEY J.-M. et BONNIFET F., *Qualité-sécurité-environnement : construire un système de management intégré*, AFNOR, Paris, 2002.

FULLER S., *Knowledge Management Foundations*, Butterworth-Heinemann, 2002.

GARFINKEL H., *Studies in Ethnomethodology*, Prentice Hall, Englewood Cliffs, NJ, 1967.

GARRIER G., *La Domination du capitalisme 1840-1914* (t. IV de *L'Histoire économique et sociale du monde*, dirigée par P. LÉON), Armand Colin, Paris, 1978.

GAY P. DU, SALAMAN G. et REES B., « The Conduct of Management and the Management of Conduct : Contemporary Managerial Discourse and the Constitution of the "Competent" Manager », *Journal of Management Studies*, vol. 33, n° 3, mai 1996, p. 263-282.

GAZIER B., « Tris et contrôles des salariés dans les organisations », *Sociologie du travail*, vol. 38, n° 3, juillet-septembre 1997, p. 525-551.

GELINIER O. *et al.*, *Développement durable. Pour une entreprise compétitive et responsable*, ESF Editeur – CEGOS, Issy-les-Moulineaux., 2002.

GIDDENS A., *La Constitution de la société*, PUF, Paris, 1987 (1984).

GIDDENS A., *Les Conséquences de la modernité*, L'Harmattan, Paris, 1994 (1990).

GOFFMAN E., *Asiles*, Minuit, Paris, 1968.

GOFFMAN E., *Les Rites d'interaction*, Minuit, Paris, 1979.

GOLDTHORPE J. H., LOCKWOOD D., BECHHOFER F. et PLATT J., *The Affluent Worker : Industrial Attitudes and Behaviour* (3 tomes), Cambridge University Press, Cambridge, 1968 (*L'Ouvrier de l'abondance*, Seuil, Paris, 1972).

GOULDNER A. W., *Patterns of Industrial Bureaucracy*, Free Press, New York, 1954.

GREMION P., *Le Pouvoir périphérique*, Seuil, Paris, 1976.

HABAKKUK H. J., *American and British Technology in the 19th Century*, Cambridge University Press, Cambridge, 1962.

HASSARD J. , « Images of Time in Work and Organization », *in* S. R. CLEGG, C. HARDY et W. R. NORD (éds.), 1996, p. 581-598.

HELGESEN S., *The Female Advantage*, Doubleday, New York, 1990.

HELLER F. et *al.*, *Decisions in Organizations*, Sage, Londres, 1988.

HILL S., *Competition and Control at Work — The New Industrial Sociology*, The MIT Press, Cambridge, Mass., 1981.

HIRIGOYEN M.-F., *Le Malaise dans le travail : harcèlement moral*, Pocket, Paris, 2002.

HOPWOOD A. G. et MILLER P. (éds.), *Accounting as Social and Institutional Practice*, Cambridge University Press, Cambridge, 1994.

HOSKIN K., MACVE R., « Writing, Examining, Disciplining : The Genesis of Accounting's Modern Power », *in* A. G. HOPWOOD et P. MILLER (éds.), 1994, p. 67-97.

HUBERMAN M., « The Origins of the Bolton and Oldham Cotton Spinning Lists », *Actes du Xe congrès mondial d'histoire économique*, Université de Louvain, Louvain, 1990.

HUGHES T. P., « The Evolution of Large Scale Technological Systems », *in* W. E. BIJKER, T. P. HUGHES et T. PINCH (éds.), 1987, p. 51-82.

JACQUET P. *et al.* (Conseil d'analyse économique), *Gouvernance mondiale : rapport de synthèse*, La Documentation française, Paris, 2002.

JANSSEN F. et BRACONNIER A., « La "corporate governance" dans les sociétés cotées sur l'Euro NM : étude exploratoire de l'impact de la nationalité, de la taille et de la structure de l'actionnariat dans les entreprises », *Revue Gestion 2000*, n° 2, mars-avril 2002, p. 31-50.

KANIGEL R., *The One Best Way : F. W. Taylor and the Enigma of Efficiency*, Viking-Penguin, New York, 1997.

KEISTER L.A., « Financial Markets, Money and Banking », *Annual Review of Sociology*, n° 28, 2002, p. 39-61.

KERR C., DUNLOP J. T., HARBISON F. et MYERS C. A., *Industrialism and Industrial Man*, Penguin, Harmondsworth, 1973, Heinemann, Londres, 1960.

KLEIN L. et EASON K., *Putting Social Science to Work*, Cambridge, Cambridge University Press, 1992.

KLEIN J.-L. et LÉVESQUE B., *Contre l'exclusion, repenser l'économie*, Presses universitaires du Québec, 1995.

KULA W., « Recherches comparatives sur la formation de la classe ouvrière », *Première Conférence internationale d'histoire économique* (Stockholm, août 1960), Mouton & Co., Paris-La Haye, 1960, vol. 1, p. 509-523.

KULA W., *Les Mesures et les hommes*, Éditions de la MSH, Paris, 1984 (1970)

KUNDA G., *Engineering Culture. Control and Commitment in a High-Tech Corporation*, Temple University Press, Philadelphie, 1992.

KUNG L., *Factory Women in Taiwan*, UMI Research & The University Press, Ann Arbor, Mich., 1983 (1978).

LABBE D. et LANDIER H., *L'Entreprise face au nouveau radicalisme syndical : les nouvelles formes d'action militante*, Liaisons, coll. « Liaisons Sociales », Paris, 2001.

LACROIX M. et ZAMBON S., « Capital intellectuel et création de valeur : une lecture conceptuelle des pratiques françaises et italiennes », *Comptabilité/Contrôle/Audit*, n° spécial, mai 2002, p. 61-84.

LAMMERS C. J., « Sociology of Organization Around the Globe. Similarities and Differences Between American, British, French, German and Dutch Brands », *Organization Studies*, vol. 11, n° 2, 1990, p. 179-205

LANDES D. S., *L'heure qu'il est*, Gallimard, Paris, 1987 (1983).

LANDES D. S., *Banquiers et Pachas*, Albin Michel, Paris, 1993 (1958).

LANDES D. S., « What do Bosses Really do ? », *The Journal of Economic History*, n° 3, septembre 1986, p. 585-623.

LATOUR B., *La Science en action*, La Découverte, Paris, 1989.

LATOUR B., *Aramis ou l'amour des techniques*, La Découverte, Paris, 1992.

LAVILLE E., *L'Entreprise verte : le développement durable change l'entreprise pour changer le monde*, Village Mondial, Paris, 2002.

LAZONICK W., « Industrial Relations and Technical Change : The Case of self-acting Mule », *Cambridge Journal of Economics*, 3, 1979, p. 231-262.

LE GOFF J.-P., *Les Illusions du management*, La Découverte, Paris, 1996.

LHUILIER D., *Placardisés. Des exclus de l'entreprise*, Seuil, Paris, 2002.

LIPOTEVSKY G., *Métamorphoses de la culture libérale : éthique, médias, entreprise*, Liber, Montréal, 2002.

LIU M., « Technologie, organisation du travail et comportement des salariés », *Revue française de sociologie*, vol. 22, n° 2, 1981, p. 205-221.

LIVIO D., *Réconcilier l'entreprise et la société*, Village Mondial, Paris, 2002.

LOJKINE J. et MALETRAS J.-L., *La Guerre du temps : le travail en quête de mesure*, L'Harmattan, Paris, 2002.

LUNGHI C., *Et si les femmes réinventaient le travail ?*, Éditions d'Organisation/Eyrolles, Paris, 2001.

MACKENZIE D., *Inventing Accuracy : An Historical Sociology of Nuclear Missile Guidance*, MIT Press, Cambridge, 1990.

MACKENZIE D. et WAJCMAN J. (éds.), *The Social Shaping of Technology*, Open University Press, Milton Keynes, 1985.

MARCH J. G., « Bounded Rationality, Ambiguity, and the Engineering of Choice », *Bell Journal of Economics*, 9, 1978, p. 587-608.

MARCH J. G. (avec C. HEATH), *A Primer on Decision making. How Decisions Happen*, The Free Press, New York, 1994.

MARCH J. G. et SIMON H. A., *Les Organisations*, Dunod, Paris, 1991 (1958).

MASLOW A. , *Motivation and Personality*, Harper and Row, New York, 1954.

MAURICE M., SELLIER F., SILVESTRE J.-J., *Politique d'éducation et organisation industrielle en France et en Allemagne*, PUF, Paris, 1982.

MAUSS, n° spécial « Travailler est-il (bien) naturel ? Le travail après la "fin du travail" », n° 18, second semestre 2001.

MAYO E., *The Social Problems of an Industrial Civilization*, Harvard University Graduate School of Business Administration, Boston, 1946.

MCKINLAY Z. et TAYLOR P., « Through the Looking Glass : Foucault and the Politics of Production », *in* E. H. BAX (éd.), *New Production Concepts and Labour*, Conference Proceedings, 1997, vol. 1, p. 53-70 (Management at a Crossroads, Groningen, 10-12 septembre).

MEDA D., *Le Temps des femmes : pour un nouveau partage des rôles*, Flammarion, Paris, 2002

MERKLE J. A., *Management and Ideology*, University of California Press, Berkeley, 1980.

MERTON R. K., « Bureaucratic Structure and Personality », *in Social Theory and Social Structure*, Free Press, New York, 1957 (1949) (trad. française dans *Éléments de théorie et de méthode sociologique*, Armand Colin, Paris, 1997).

MILLER P. et O'LEARY T., « Governing the Calculable Person », *in* A. G. HOPWOOD et P. MILLER (éds.), 1994, p. 98-115.

MINISTÈRE DE L'EMPLOI ET DE LA SOLIDARITÉ, *Durée, réduction et aménagement du temps de travail*, La Documentation française, Paris, 2002.

MINTZBERG H., *Structure et dynamique des organisations*, Les Éditions d'organisation, Paris, 1982 (1979).

MONTMOLLIN M. DE et PASTRÉ O. (éds.), *Le Taylorisme*, La Découverte, Paris, 1984

MOREAU F. (coordonné par), *Comprendre et gérer les risques*, Éditions d'Organisation, Paris, 2002.

MORGAN G., *Images de l'organisation*, De Boeck, Bruxelles, 1999 (1986).

MORRILL C., « Conflict Management, Honor, and Organizational Change », *American Journal of Sociology*, vol. 97, n° 3, novembre 1991, p. 585-621.

MOSS-KANTER R., *Men and Women of the Corporation*, Basic Books, New York, 1977.

MOSS-KANTER R., « The New Work Force Meets the Changing Work Place », *in* K. ERIKSON et S. P. VALLAS (éds.), *The Nature of Work : Sociological Perspectives*, Yale University Press, New Haven, 1990, p. 279-303.

MOUTET A., « La Première Guerre mondiale et le taylorisme », *in* M. DE MONTMOLLIN et O. PASTRÉ (éds.), 1984, p. 67-81.

MOUZELIS N. P., *Organisation and Bureaucracy*, Routledge & Kegan Paul, Londres, 1967.

MUMFORD L., *Technics and Civilization*, Harvest/HBJ, 1963 (1937).

NAUDET J.-V. (sous la direction de), *Éthique et entreprise* (Actes du Colloque franco-québécois, Aix-en-Provence, 6-7 juillet 2000), université d'Aix-en-Provence, 2001.

NELSON D., *F. W. Taylor and the Principles of Scientific Management*, The University of Wisconsin Press, Madison, Wisconsin, 1980.

NELSON D., « Le Taylorisme dans l'industrie américaine-1900-1930 », *in* M. DE MONTMOLLIN et O. PASTRÉ (éds.), 1984, p. 51-66.

NOHRIA N. et BERKLEY J. D., « The Virtual Organization », *in* C. HECKSCHER et A. DONNELLON (éds.), *The Post-bureaucratic Organization*, Sage, Thousand Oaks, Ca., 1994, p. 108-129.

NOHRIA N. et GULATI R., « Firms and their Environments », *in* N. SMELSER et R. SWEDBERG (éds.), 1994, p. 529-554.

NONAKA I., TAKEUCHI H. et TAKEUCHI H., *The Knowledge creating company. How Japanese Companies create Dynamics of Innovation*, Oxford University Press, NY, 1995.

O'BANNON P. W., « Waves of Change : Mechanization in the Pacific Coast Canned-salmon Industry, 1864-1914 », *Technology and Culture*, vol. 28, n° 3, juillet 1987, p. 558-577.

OCDE, *La Gouvernance au XXIe siècle*, OCDE, Paris, 2002.

ONG A., *Spirits of Resistance and Capitalist Discipline : Factory Women in Malaysia*, State University of New York Press, 1987.

OSTERMAN P., « How Common is Workplace Transformation and who adopts it », *Industrial and Labor Relations Review*, vol. 47, n° 2, janvier 1994, p. 173-188.

OUCHI W., « Markets, Bureaucracies, and Clans », *Administrative Science Quarterly*, 25, 1980, p. 129-140.

OZANNE R., *A Century of Labor-Management Relations at McCormick and International Harvester*, University of Wisconsin Press, Madison, 1967.

PARKER M., « Working together, working apart : Management Culture in a Manufacturing Firm », *The Sociological Review*, vol. 43, n° 3, août 1995, p. 518-547.

PERRET F.-L. et JAFFEUX C. (éds.), *The Essentials of Logistics and Management*, Presses Polytechniques et Universitaires Romandes, 2002.

PERSAIS E., « L'écologie comme atout stratégique. Une validation de l'approche ressources par la méthode PLS », *Revue Finance Contrôle Stratégie*, vol. 5, n° 3, septembre 2002, p. 195-230.

PFEFFER J., *New Directions in Organization Theory*. Oxford University Press, Oxford, 1997.

PFEFFER J. et SALANCIK G. R., *The External Control of Organizations : A Resource-Dependence Perspective*, New York, Harper and Row, 1978.

PINCHOT G. et PINCHOT E., *The End of Bureaucracy and the Rise of Intelligent Organization*, Berrell-Koehler Publishing Co., San Francisco, 1994 (1993).

PIORE M. J., « The Dual Labor Market : Theories and Implications », *in* D. M. GORDON (éd.), *Theories of Poverty and Underdevelopment : Orthodox, Radical, and Dual Market Perspectives*, D.C. Heath, Lexington, Mass., 1972.

PIORE M. J. et SABEL C., *The Second Industrial Divide*, Basic Books, New York, 1984 (*Les Chemins de la prospérité*, Hachette, Paris, 1989).

POULANTZAS N., *Les Classes sociales dans le capitalisme aujourd'hui*, Seuil, Paris, 1974.

POWELL W. W., « Neither Market nor Hierarchy : Network Forms of Organization », *in* G. THOMPSON et *al. (éds.), Markets, Hierarchies, and Networks. The Coordination of Social Life*, Sage Publications with the Open University, Londres, 1991, p. 265-276

POWELL W. W., KOPUT K. W. et SMITH-DOERR L., « Interorganizational Collaboration and the Locus of Innovation :

Networks of Learning in Biotechnology », *Administrative Science Quarterly*, 41, 1996, p. 116-145.

PRECHEL H., « Rational Calculation and the Distribution of Decision Making Authority », *in* G. MILLER (éd.), *Studies in Organizational Sociology*, JAI Press, Greenwich, 1991, p. 125-142.

REED M. I., « Organization, Trust, and Control : A Realist Analysis », *Organization Studies*, n° spécial *Trust and Control in Organizational Relations*, vol. 22, n° 2, 2001, p. 201-228.

REYNAUD J.-D., « La négociation de la qualification », *Archives européennes de sociologie*, 29, 1988, p. 78-101.

REYNAUD J.-D., *Les Règles du jeu*, Armand Colin, Paris, 1997 (3e éd.).

RICHEBE N., « Réaction des salariés à la logique compétence », *Revue Française de Sociologie*, vol. 43, n° 1, janvier-mars 2002, p. 99-126.

ROETHLISBERGER F. J. et DICKSON W. J., *Management and the Worker*, Harvard University Press, Cambridge, Mass., 1939.

ROY D. F., « Quota Restriction and Goldbricking in a Machine Shop », *American Journal of Sociology*, 57, 1952.

ROY D. F., « Banana Time : Job Satisfaction and Informal Interaction », *Human Organization*, 18, 1960, p. 158-168.

ROY J., *Manufacturing the Employee : Management Knowledge for the 19th to 20th Centuries*, Sage, Londres, 1996.

SAINSAULIEU R., *L'Identité au travail*, Presses de la fondation nationale des sciences politiques, Paris, 1977.

SALMON A., *Éthique et ordre économique. Une entreprise de séduction*, Éditions du CNRS, Paris, 2002.

SCOTT R. W., *Organizations : Rational, Natural, and Open Systems*, Englewood Cliffs, New Jersey, Prentice Hall Inc. 1992 (1981).

SEGRESTIN D., « L'entreprise à l'épreuve des normes de marché », *Revue française de sociologie*, vol. 38, n° 3, juillet-septembre 1997, p. 553-585.

SELZNICK P., *TVA and the Grass Roots*, University of California Press, Berkeley, 1949.

SILVERMAN D., *La Théorie des organisations*, Dunod, Paris, 1973 (1970).

SIMON H. A., *Administrative Behavior : A Study of Decision-making Processes in Administrative Organizations*, The Free Press, New York, 1997 (1945).

SMELSER N. J. et SWEDBERG R. (éds.), *Handbook of Economic Sociology*, Princeton University Press, Princeton, New Jersey, 1994.

SMETS P.F., *Éthique ou cosmétique ? Le retour des valeurs dans un monde paradoxal*, Bruylant, Bruxelles, 2002.

SMIRCICH L. S., « Organizations as Shared Meanings », *in* L. R. PONDY et *al.* (éds.), *Monographs in Organizational Behavior and Industrial Relations*, vol. 1, *Organizational symbolism*, JAI Press, Londres, 1983, p. 55-65.

SMITH A., *Recherches sur la nature et les causes de la richesse des nations,* Alfred Costes, Paris, 1950 (1776).

Sociologie du travail, n° spécial « Qu'est-ce que le tiers secteur ? Associations, économie solidaire, économie sociale », coordonné par M. LALLEMENT et J.-L. LAVILLE, vol. 42, n° 4, octobre-décembre 2000.

STAR S. L. et GRIESEMER J. R., « Institutional Ecology, "Translations" and Boundary Objects : Amateurs and Professionals in Berkeley's Museum of Vertebrate Zoology, 1907-1939 », *Social Studies of Science*, vol. 19, n° 3, 1989, p. 387-420.

STINCHCOMBE A. L., « Bureaucratic and Craft Administration of Production », *Administrative Science Quarterly*, vol. 4, n° 2, 1959, p. 168-187.

STRAUSS A., *Negotiations : Varieties, Processes, Contexts, and Social Order*, Jossey Bass, San Francisco, 1978.

SULLIVAN W. A., *The Industrial Worker in Pennsylvania 1800-1840*, Pennsylvania Historical and Museum Commission, Harrisburg, 1955.

SVEIBY K.E., *Knowledge Management. La nouvelle richesse des entreprises. Savoir tirer profit des actifs immatériels de sa société*, Maxima-Laurent du Mesnil, Paris, 2000 (1997).

TAYLOR F. W., *La Direction scientifique des entreprises*, Dunod, Paris, 1957 (1911 : *Principles of Scientific Management*).

TERRIER J. et POLTIER H. (éds.), *Vers de nouvelles dominations dans le travail ? Sur le sens de la crise*, Payot, Lausanne, 2002.

THERY B., *Manager dans la diversité culturelle*, Éditions d'Organisation, Paris, 2002.

THÉVENOT L., « Économie politique de l'entreprise ; économies de l'efficacité et de la confiance », *in* L. BOLTANSKI et L. THÉVENOT (éds.), *Justesse et justice dans le travail*, PUF, Paris, 1989, p. 135-203.

THOMPSON E. P., « Temps, travail et capitalisme industiel », *in Libre*, n° 5, p. 1-63, Payot, Paris, 1979 (1967).

TOURAINE A. et MOTTEZ B., « Classe ouvrière et société globale », *in* G. FRIEDMANN et P. NAVILLE, *Traité de sociologie du travail*, Armand Colin, Paris, 1964, vol. 2, p. 235-281.

TOWNE H. R., « The Engineer as Economist », *Proceedings of the American Society of Mechanical Engineers*, 1886.

TRICE H. et MORAND D., « Cultural Diversity : Subcultures and Countercultures in Work Organizations », *in* G. MILLER (éd.), *Studies in Organizational Sociology*, JAI Press, Greenwich, 1991, p. 69-105.

TRIST E. L., « The Sociotechnical Perspective : The Evolution of Sociotechnical Systems as a Conceptual Framework and as an Action Research Program », *in* A. VAN DE VEN et W. F. JOYCE (éds.), *Perspectives on Organization Design and Behavior*, John Wiley & Sons, New York, 1981, p. 19-75.

TRIST E. L. et BAMFORTH K. W., « Some Social and Psychological Consequences of the Longwall Method of Coal getting », *Human Relations*, 4, 1951, p. 3-38.

TSURUMI P., *Factory Girls. Women in the Thread Mills of Meiji Japan*, Princeton University Press, Princeton, New Jersey, 1990.

URE A. *The Philosophy of Manufactures*, Charles Knight, Londres, 1835.

VERDIER E., « La bureautique : néo-ou post-taylorisme » *in* M. DE MONTMOLLIN et O. PASTRÉ (éds.), 1984, p. 243-254.

WARNER M., « Organizational Experiments and Social Variations », *in* P. C. NYSTROM et W. H. STARBUCK (éds.), *Handbook of Organizational Design* (vol. 1, *Adapting Organizations to their Environments*), Oxford University Press, Oxford, 1984, p. 167-184).

WEBER M., *Économie et Société*, Plon, Paris, 1971 (1922).

WILKINS A. L. et OUCHI W. G., « Efficient Cultures : Exploring the Relationship between Culture and Organizational Performance », *Administrative Science Quarterly*, 28, 1983, p. 522-533.

WILLIAMSON O. E., *Markets and Hierarchies : Analysis and Antitrust Implications*, Free Press, New York, 1975.

WILLIAMSON O. E., *The Economic Institutions of Capitalism : Firms, Markets, Relational Contracting*, The Free Press, New York, 1985 (*Les Institutions de l'économie*, InterÉditions, Paris, 1994).

WILSON D. J., « Electricity and Resistance : A Case Study of Innovation and Politics », *in* D. J. HICKSON (éd.), *Managerial Decision Making*, Cambridge University Press, Cambridge, 1995, p. 95-116.

WOODWARD J., *Management and Technology*, HMSO, Londres, 1958.

WOODWARD J., *Industrial Organization : Theory and Practice*, Oxford University Press, Londres, 1965.

WOMACK J. P., JONES D. T. et ROOS D., *The Machine that Changed the World*, Macmillan, Londres, 1990.

Table

Collection

R E P È R E S

dirigée par
JEAN-PAUL PIRIOU

avec BERNARD COLASSE, PASCAL COMBEMALE, FRANÇOISE DREYFUS, HERVÉ HAMON, DOMINIQUE MERLLIÉ, CHRISTOPHE PROCHASSON *et* MICHEL RAINELLI

Affaire Dreyfus (L'), n° 141, Vincent Duclert.
Aménagement du territoire (L'), n° 176, Nicole de Montricher.
Analyse financière de l'entreprise (L'), n° 153, Bernard Colasse.
Archives (Les), n° 324, Sophie Cœuré et Vincent Duclert.
Argumentation dans la communication (L'), n° 204, Philippe Breton.
Audit (L'), n° 383, Stéphanie Thiéry-Dubuisson.
Balance des paiements (La), n° 359, Marc Raffinot, Baptiste Venet.
Bibliothèques (Les), n° 247, Anne-Marie Bertrand.
Bourse (La), n° 317, Daniel Goyeau et Amine Tarazi.
Budget de l'État (Le), n° 33, Maurice Baslé.
Calcul des coûts dans les organisations (Le), n° 181, Pierre Mévellec.
Calcul économique (Le), n° 89, Bernard Walliser.
Capitalisme financier (Le), n° 356, Laurent Batsch.
Capitalisme historique (Le), n° 29, Immanuel Wallerstein.
Catégories socioprofessionnelles (Les), n° 62, Alain Desrosières et Laurent Thévenot.
Catholiques en France depuis 1815 (Les), n° 219, Denis Pelletier.
Chômage (Le), n° 22, Jacques Freyssinet.
Chronologie de la France au XXe siècle, n° 286, Catherine Fhima.
Collectivités locales (Les), n° 242, Jacques Hardy.
Commerce international (Le), n° 65, Michel Rainelli.
Comptabilité anglo-saxonne (La), n° 201, Peter Walton.
Comptabilité en perspective (La), n° 119, Michel Capron.
Comptabilité nationale (La), n° 57, Jean-Paul Piriou.
Concurrence imparfaite (La), n° 146, Jean Gabszewicz.
Conditions de travail (Les), n° 301, Michel Gollac et Serge Volkoff.
Consommation des Français (La) : **1.** n° 279 ; **2.** n° 280, Nicolas Herpin et Daniel Verger.
Constitutions françaises (Les), n° 184, Olivier Le Cour Grandmaison.
Construction européenne (La), n° 326, Guillaume Courty et Guillaume Devin.
Contrôle budgétaire (Le), n° 340, Nicolas Berland.
Contrôle de gestion (Le), n° 227, Alain Burlaud, Claude J. Simon.
Coût du travail et emploi, n° 241, Jérôme Gautié.
Critique de l'organisation du travail, n° 270, Thomas Coutrot.
Culture de masse en France (La) : 1. 1860-1930, n° 323, Dominique Kalifa.
Démocratisation de l'enseignement (La), n° 345, Pierre Merle.
Démographie (La), n° 105, Jacques Vallin.
Développement économique de l'Asie orientale (Le), n° 172, Éric Bouteiller et Michel Fouquin.
DOM-TOM (Les), n° 151, Gérard Belorgey et Geneviève Bertrand.
Droits de l'homme (Les), n° 333, Danièle Lochak.
Droit du travail (Le), n° 230, Michèle Bonnechère.
Droit international humanitaire (Le), n° 196, Patricia Buirette.
Droit pénal, n° 225, Cécile Barberger.
Économie bancaire, n° 268, Laurence Scialom.
Économie britannique depuis 1945 (L'), n° 111, Véronique Riches.
Économie chinoise (L'), n° 378, Françoise Lemoine.
Économie de l'Afrique (L'), n° 117, Philippe Hugon.
Économie de l'environnement, n° 252, Pierre Bontems et Gilles Rotillon.
Économie de l'euro, n° 336, Agnès Benassy-Quéré et Benoît Cœuré.
Économie française 2003 (L'), n° 357, OFCE.
Économie de l'innovation, n° 259, Dominique Guellec.
Économie de la connaissance (L'), n° 302, Dominique Foray.
Économie de la culture (L'), n° 192, Françoise Benhamou.
Économie de la distribution, n° 372, Marie-Laure Allain et Claire Chambolle.
Économie de la drogue (L'), n° 213, Pierre Kopp.
Économie de la presse, n° 283, Patrick Le Floch et Nathalie Sonnac.
Économie de la propriété intellectuelle, n° 375, François Lévêque et Yan Ménière.
Économie de la réglementation (L'), n° 238, François Lévêque.

Pierre Mendès France, n° 157, Jean-Louis Rizzo.
Politique de la concurrence (La), n° 339, Emmanuel Combe.
Politique de la famille (La), n° 352, Jacques Commaille, Pierre Strobel et Michel Villac.
Politiques de l'emploi et du marché du travail (Les), n° 373, DARES.
Politique étrangère de la France depuis 1945 (La), n° 217, Frédéric Bozo.
Politique financière de l'entreprise (La), n° 183, Christian Pierrat.
Population française (La), n° 75, Jacques Vallin.
Population mondiale (La), n° 45, Jacques Vallin.
Postcommunisme en Europe (Le), n° 266, François Bafoil.
Presse des jeunes (La), n° 334, Jean-Marie Charon.
Presse magazine (La), n° 264, Jean-Marie Charon.
Presse quotidienne (La), n° 188, Jean-Marie Charon.
Protection sociale (La), n° 72, Numa Murard.
Protectionnisme (Le), n° 322, Bernard Guillochon.
Protestants en France depuis 1789 (Les), n° 273, Rémi Fabre.
Psychanalyse (La), n° 168, Catherine Desprats-Péquignot.
Quel avenir pour nos retraites ?, n° 289, Gaël Dupont et Henri Sterdyniak.
Question nationale au XIXe siècle (La), n° 214, Patrick Cabanel.
Régime de Vichy (Le), n° 206, Marc Olivier Baruch.
Régime politique de la Ve République (Le), n° 253, Bastien François.
Régimes politiques (Les), n° 244, Arlette Heymann-Doat.
Régionalisation de l'économie mondiale (La), n° 288, Jean-Marc Siroën.
Revenu minimum garanti (Le), n° 98, Chantal Euzéby.
Revenus en France (Les), n° 69, Yves Chassard et Pierre Concialdi.
Santé des Français (La), n° 330, Haut comité de la santé publique.
Sciences de l'éducation (Les), n° 129, Éric Plaisance et Gérard Vergnaud.
Sexualité en France (La), n° 221, Maryse Jaspard.
Société du risque (La), n° 321, Patrick Peretti Watel.
Socio-économie des services, n° 369, Jean Gadrey.
Sociologie de Durkheim (La), n° 154, Philippe Steiner.
Sociologie de Georg Simmel (La), n° 311, Frédéric Vandenberghe.
Sociologie de l'architecture, n° 314, Florent Champy.
Sociologie de l'art, n° 328, Nathalie Heinich.
Sociologie de l'éducation, n° 169, Marlaine Cacouault et Françoise Œuvrard.
Sociologie de l'emploi, n° 132, Margaret Maruani et Emmanuèle Reynaud.
Sociologie de l'immigration, n° 364, Andrea Rea et Maryse Tripier.
Sociologie de l'organisation sportive, n° 281, William Gasparini.
Sociologie de la bourgeoisie, n° 294, Michel Pinçon et Monique Pinçon-Charlot.
Sociologie de la consommation, n° 319, Nicolas Herpin.
Sociologie de la lecture, n° 376, Chantal Horellou-Lafarge et Monique Segré.
Sociologie de la négociation, n° 350, Reynald Bourque et Christian Thuderoz.
Sociologie de la prison, n° 318, Philippe Combessie.
Sociologie de Marx (La), n° 173, Jean-Pierre Durand.
Sociologie de Norbert Elias (La), n° 233, Nathalie Heinich.
Sociologie des cadres, n° 290, Paul Bouffartigue et Charles Gadea.
Sociologie des entreprises, n° 210, Christian Thuderoz.
Sociologie des mouvements sociaux, n° 207, Erik Neveu.
Sociologie des organisations, n° 249, Lusin Bagla.
Sociologie des publics, n° 366, Jean-Pierre Esquenazi.
Sociologie des relations internationales, n° 335, Guillaume Devin.
Sociologie des relations professionnelles, n° 186, Michel Lallement.
Sociologie des syndicats, n° 304, Dominqiue Andolfatto et Dominique Labbé.
Sociologie du chômage (La), n° 179, Didier Demazière.
Sociologie du conseil en management, n° 368, Michel Villette.
Sociologie du droit, n° 282, Évelyne Séverin.
Sociologie du journalisme, n° 313, Erik Neveu.
Sociologie du sida, n° 355, Claude Thiaudière.
Sociologie du sport, n° 164, Jacques Defrance.
Sociologie du travail (La), n° 257, Sabine Erbès-Seguin.
Sociologie économique (La), n° 274, Philippe Steiner.
Sociologie historique du politique, n° 209, Yves Déloye.

Sociologie de la ville, n° 331, Yankel Fijalkow.
Sociologie et anthropologie de Marcel Mauss, n° 360, Camille Tarot.
Sondages d'opinion (Les), n° 38, Hélène Meynaud et Denis Duclos.
Stratégies des ressources humaines (Les), n° 137, Bernard Gazier.
Syndicalisme en France depuis 1945 (Le), n° 143, René Mouriaux.
Syndicalisme enseignant (Le), n° 212, Bertrand Geay.
Système éducatif (Le), n° 131, Maria Vasconcellos.
Système monétaire international (Le), n° 97, Michel Lelart.
Taux de change (Les), n° 103, Dominique Plihon.
Taux d'intérêt (Les), n° 251, A. Bénassy-Quéré, L. Boone et V. Coudert.
Taxe Tobin (La), n° 337, Yves Jegourel.
Tests d'intelligence (Les), n° 229, Michel Huteau et Jacques Lautrey.
Théorie de la décision (La), n° 120, Robert Kast.
Théories économiques du développement (Les), n° 108, Elsa Assidon.
Théorie économique néoclassique (La) :
1. **Microéconomie**, n° 275,
2. **Macroéconomie**, n° 276,
Bernard Guerrien.
Théories de la monnaie (Les), n° 226, Anne Lavigne et Jean-Paul Pollin.
Théories des crises économiques (Les), n° 56, Bernard Rosier et Pierre Dockès.
Théories du salaire (Les), n° 138, Bénédicte Reynaud.
Théories sociologiques de la famille (Les), n° 236, Catherine Cicchelli-Pugeault et Vincenzo Cicchelli.
Travail des enfants dans le monde (Le), n° 265, Bénédicte Manier.
Travail et emploi des femmes, n° 287, Margaret Maruani.
Travailleurs sociaux (Les), n° 23, Jacques Ion et Bertrand Ravon.
Union européenne (L'), n° 170, Jacques Léonard et Christian Hen.
Urbanisme (L'), n° 96, Jean-François Tribillon.

Dictionnaires

R E P È R E S

Dictionnaire de gestion, Élie Cohen.
Dictionnaire d'analyse économique, *microéconomie, macroéconomie, théorie des jeux, etc.*, Bernard Guerrien.

Guides

R E P È R E S

L'art de la thèse, *Comment préparer et rédiger une thèse de doctorat, un mémoire de DEA ou de maîtrise ou tout autre travail universitaire*, Michel Beaud.
Les ficelles du métier. *Comment conduire sa recherche en sciences sociales*, Howard S. Becker.
Guide des méthodes de l'archéologie, Jean-Paul Demoule, François Giligny, Anne Lehoërff, Alain Schnapp.
Guide du stage en entreprise, Michel Villette.
Guide de l'enquête de terrain, Stéphane Beaud, Florence Weber.
Manuel de journalisme. *Écrire pour le journal*, Yves Agnès.
Voir, comprendre, analyser les images, Laurent Gervereau.

Manuels

R E P È R E S

Analyse macroéconomique 1.
Analyse macroéconomique 2.
17 auteurs sous la direction de Jean-Olivier Hairault.
Une histoire de la comptabilité nationale, André Vanoli.

Composition : Facompo, Lisieux (Calvados)
Achevé d'imprimer en mars 2004 sur les presses
de l'imprimerie Campin 2000 à Tournai (Belgique).
Dépôt légal du 1er tirage : janvier 2003
Suite du 1er tirage (2) : mars 2004 - *Imprimé en Belgique*